ISABEL

Jaime Peñafiel

ISABEL
La amante
de sus maridos

Grijalbo

Segunda edición: junio de 2016

© 2016, Jaime Peñafiel
© 2016, de la presente edición en castellano para todo el mundo:
Penguin Random House Grupo Editorial, S. A. U.
Travessera de Gràcia, 47-49. 08021 Barcelona

Fotografías en pp. 47, 92, 178 y 298: Agencia Efe; pp. 10, 279, 284, 289, 290, 292,
295 : Pepe Botella; pp. 124, 126, 128,132: Juan Chávez; pp. 159, 160, 161: Otero;
pp. 264: Diego Uchitel; p. 265: Alejandro Cabrera; p. 271: Paco Navarro;
p. 291: Antonio Terrón; pp. 242, 274, 275, 276, 278, 288: archivo de Porcelanosa.
La fotografías de las pp. 22, 23, 24, 28, 31, 32, 35, 41, 43, 60, 62, 64, 67, 74, 78, 107,
113, 115, 122, 124, 126, 128, 132, 144, 147, 155, 159, 160, 161, 162,166, 169, 197,
218, 281 y 282 han sido cedidas por el autor.

Printed in Spain – Impreso en España

ISBN: 978-84-16449-27-9
Depósito legal: B-7132-2016

Compuesto en M. I. Maquetación, S. L.
Impreso en Soler Talleres Gráficos
Esplugues de Llobregat (Barcelona)

DO 4 9 2 7 9

ÍNDICE

Bellísimo plano de Isabel, todo un icono de elegancia y estilo.

Introducción
AMANTE ESPOSA

Conozco a Isabel Preysler desde que se instaló a vivir en España. Pero, sobre todo, desde 1971, año que se casó con Julio Iglesias, del que se divorciaría tan solo siete años después. ¡Cómo olvidar su boda! ¡Nunca he visto una novia más triste el día que debía ser el más feliz de su vida!

Yo estimaba a Isabel porque era la mujer de mi mejor amigo, Julio Iglesias, el hombre que sería años más tarde el padrino de mi boda, el 6 de junio de 1984. Pero pronto empecé a admirarla como esposa y como madre; leal en el primer caso, abnegada en el segundo, hasta que no pudo más. Lamenté mucho que una dama que no debía querer mucho a Isabel me hiciese saber «que ella sabía lo que ocurría». (Abordaremos este asunto más adelante en este libro.) Mi lealtad hacia ella me obligó a advertirla, en la misma medida que la lealtad a mi amigo Julio me obligaba a ser prudente. Ni siquiera cuando estalló el «escándalo» —que no fue tal porque todo se desarrolló con la mayor discreción—, se me ocurrió hacer partícipe a Julio de lo que aquella voz anónima me había informado.

Isabel estaba cargada de razones para decirle «hasta aquí llegó la riada, Julio». Y, como el chiste, él sabía por qué.

Siempre he dicho que, si yo fuera un aristócrata, un miembro de la Diputación de la Grandeza, en mi escudo de armas figuraría el siguiente lema: «Valgo más por lo que callo que por lo que cuento». Me sorprendió que en la magnífica entrevista que Isabel concedió en junio de 2014 a la directora de *Vanity Fair*, Lourdes Garzón, utilizara mi frase, sin mencionar el *copyright*. Pero Isabel sabe que lo mío es suyo. Por supuesto que soy consciente de que si ella contara todo cuanto sabe, sería como metal que resuena, extendiendo su eco por los cuatro puntos cardinales. Pero prefiere sonreír, regalando su silencio, tan importante como los sonidos, ya sean del corazón, de la mente o del espíritu. ¿Radica ahí su encanto, en ese misterio que desprende? Pienso que hay mucho más. Si no, ¿cómo puede una mujer mantenerse en el primer plano de la actualidad nacional a lo largo de cuarenta y cinco años sin romperse ni mancharse, como el cristal atravesado por el sol, cuando tantas cosas han pasado por su vida y no siempre buenas? No olvidemos que el tiempo en sí mismo es un gran reto difícil de superar.

Facundo Cabral escribía que «nacemos para vivir, por eso el capital más importante que tenemos es el tiempo. Pero es tan corto nuestro paso por este planeta que es una pésima idea no gozar cada paso y cada instante con el favor de una mente que no tiene límites y un corazón que puede amar mucho más de lo que suponemos»; palabras que seguramente suscribiría Isabel.

Isabel Preysler ha llegado a ser, y lo sigue siendo, la mujer, la dama, la señora más importante de España. No ha habido a lo largo de estos cuarenta y cinco años nadie que la igualara, ni Carmen Thyssen, ni Carmen Martínez-Bordiú, ni la duquesa de Alba, ni las hermanas Koplowitz... Todas tuvieron sus momentos de gloria mediática por diversas circunstancias. Pero Isabel lo ha sido por encima del tiempo y de estas circunstancias, y siempre acompañada de parejas muy brillantes. Primero fue esposa de un cantante universal, Julio Iglesias; después, de un aristócrata español admirado y respetado, el marqués de Griñón, perteneciente a una de las familias más importantes de España, los duques de Montellano, protectores de don Juan Carlos en sus primeros pasos por el país del que sería rey; al marqués le siguió Miguel Boyer, uno de los políticos, socialista él, con más poder en la historia de la democracia. Y, por último, de un premio Nobel, Mario Vargas Llosa. De todos ellos esposa, que no amante, o amante esposa.

El título de este libro no es un juego de palabras, aunque los términos «amante» y «esposa» puedan llevar a la confusión cuando pueden —y deberían— ser complementarios. Sobre todo si la mujer, como es el caso de Isabel, sabe conjugar las dos situaciones: la de esposa y la de amante.

Ser solo esposa, exclusivamente esposa, en lo bueno y en lo malo, en la riqueza y en la pobreza, en la salud y en la enfermedad hasta que la muerte nos separe tiene un riesgo: que la esposa, pasado el tiempo, adquiera el rol de madre, olvidando que un día fue también amante, en el más amplio y exacto sentido de la palabra. Esa amante esposa, que se ha ido alejando atendiendo las necesidades de la casa, los hijos y el trabajo, del esposo, puede acabar descuidando la parte sexual, tan importante en la relación de pareja. Los encuentros amorosos se van reduciendo a la misma hora, en la misma cama y con una menor frecuencia.

Cierto es que el estrés y la responsabilidad que muchas mujeres asumen al ser madre hace que su papel de esposa pase a un segundo lugar. Pero lo más grave es cuando la esposa se convierte en «madre-secretaria» de su marido, atenta a las pastillas, a las comidas, a los horarios y a los compromisos laborales. Tal fue el caso de Rosario Conde, como la esposa-madre de Camilo José Cela; o de Patricia Llosa, la esposa-madre y secretaria de Mario Vargas Llosa.

No hay nada más desagradable y elocuentemente expresivo de lo que hablamos que oír a un hombre llamar a su esposa «mamá», mamá por aquí, mamá por allí, dejando así a las claras que la relación de pareja ya no es lo que debería ser porque se prioriza el papel de madre al de amante. Ignoro si Mario Vargas Llosa llegó a llamar a Patricia «mamá». Pero verla, la he visto actuar como tal en el hotel Sancti Petri de Cádiz durante unas vacaciones veraniegas en las que coincidimos. Allí la vi actuar más como madre y secretaria de Mario que como la amante esposa que debería ser.

ISABEL, NOMBRE DE REINA

Según Wikipedia, el nombre de Isabel es un nombre femenino de origen incierto. Es posible que derive del nombre de la diosa egipcia Isis, «reina de las diosas». Otra opción sería que proviniera del nombre hebreo Elisa, «promesa de Dios o que ama a Dios». También cabe la opción latina, Isisa, «bella», la diosa egipcia que fue adorada en tiempos del imperio romano, en honor de la diosa de la fecundidad.

El nombre de Isabel es muy popular en el mundo occidental, en gran parte debido a la devoción a santa Isabel, madre de san Juan Bautista. Además de esta santa, existen otras con el mismo nombre en la Iglesia católica, como las reinas y santas Isabel de Hungría e Isabel de Aragón o Portugal, y en la Iglesia ortodoxa rusa, santa Isabel Fiódorovna, gran duquesa de Rusia.

El nombre fue muy popular en las familias reales europeas desde la Edad Media. Lo llevaron numerosísimas princesas y reinas consortes, especialmente en Alemania, España, Francia y el Reino Unido. Entre las consortes más recientes con este nombre podemos citar a la emperatriz de Austria y reina de Hungría y de Bohemia, Isabel de Baviera (Sissi) (1837-1898); a la reina Isabel de Reino Unido (1900-2002), madre de la actual reina Isabel II y última emperatriz de la India; y a la reina Isabel de Bélgica (1876-1965), esposa del rey Alberto I de los belgas.

Además, cinco soberanas titulares han llevado ese nombre: la emperatriz Isabel I de Rusia (1741-1762), las reinas Isabel I de Castilla, o Isabel la Católica (1474-1504), Isabel I de Inglaterra (1558-1603), Isabel II de España (1833-1868) o Isabel II del Reino Unido de la Gran Bretaña e Irlanda del Norte, reinante desde 1953.

Se dice que las mujeres con el nombre de Isabel son de naturaleza emotiva y activa. Son perseverantes, de pensamiento desbordante y creativo. Son insistentes y se expresan con independencia. Les gusta hacer realidad todo cuanto piensan. Aman los modales distinguidos, la ropa de calidad y todo lo que tiene valor.

Según Isabel Romero, conocida profesional del marketing, detrás de una Isabel se esconde una mujer tierna, amable y que sabe estar. Por lo general, son personas con las que se puede congeniar sin esfuerzo. Muy entregadas a sus amistades, de vez en cuando pueden sufrir alguna decepción. Por lo que respecta a su vida amorosa, las personas de nombre Isabel destacan por el nivel de confianza que ofrecen a sus parejas. Se entrega totalmente a él, es romántica, cariñosa. Hace de cualquier día un día especial. Eso sí, siempre espera recibir algo similar a lo que da; si no, prefiere continuar con su camino. En cuanto al trato con los hijos, se muestra liberal y sabe convivir con ellos.

Pero ahora vamos a hablar de Isabel, pero no de Isabel Pantoja, ni de Carlota Isabel Diana, princesa de Cambridge, ni de Isabel II, ni de Isabel Coixet, ni de Shakira, cuyo verdadero nombre es Isabel Mebarak Ripoll, ni de Isabel Allende, ni de Isabel Sartorius, ni de Isabel San Sebastián, ni de Isabel Durán, ni de Isabella d'Este, o de Chabela Vargas, o de Chábeli Iglesias, ni de mi hija que se llamaba Isabel, a quien le debo un libro sobre su desgraciada vida. En este vamos a hablar de Isabel por excelencia, de Isabel Preysler.

EL DÍA EN QUE NACIÓ

Isabel, como todo ser humano, no puede acordarse del año en que nació. Desconozco cómo era la estrella que reinaba ese día. Pero no debió de ser mala. No conozco tampoco biografía más rica, más apasionada y más apasionante que la suya. Pero sería bueno que supiéramos qué sucedió aquel 1951, independientemente de su nacimiento, el 18 de febrero.

A principios de año, Marguerite Yourcenar y Camilo José Cela publican *Memorias de Adriano* y *La Colmena*, respectivamente. Dos premios nobeles fallecen ese año: André Gide y Sinclair Lewis y, por otra parte, el escritor, dramaturgo y novelista sueco Pär Lagerkvist, autor de *La eterna sonrisa*, recibe, en diciembre, el premio Nobel de literatura.

Siguiendo con noticias literarias, en diciembre fallecen dos grandes poetas de muy diversa índole: en Boston, donde residía exiliado desde 1936, el gran lírico español Pedro Salinas («La voz a ti debida») y, en Buenos Aires, su ciudad natal, Enrique Santos Discépolo, actor, dramaturgo y uno de los importantes letristas de tangos de todos los tiempos.

Independientemente de estos acontecimientos literarios que hoy marcan de forma más que notable la vida sentimental de Isabel, también sucedieron muchos y diversos hechos: el 12 de febrero se casa Reza Pahlevi, sha de Persia, con la princesa de origen alemán Soraya. La prensa del corazón hizo de la pareja imperial uno de sus temas favoritos, como hoy del romance entre Isabel y Mario Vargas Llosa. Unos días más tarde, concretamente el 27, el presidente de la República Argentina Juan Domingo Perón y su esposa, la mítica Eva Duarte, inauguran en el estadio del Racing de Buenos Aires los I Juegos Panamericanos. Entre tantas noticias hay una que acapara todos los titulares de la prensa del mundo entero, sobre todo en Filipinas, país donde nace Isabel: el presidente Harry S. Truman cesa fulminantemente de todas sus funciones a uno de los generales más galardonados de toda la historia americana: Douglas MacArthur, comandante en jefe de las fuerzas estadounidenses en el Extremo Oriente. El país de la señora Preysler no olvida el 20 de octubre, día en que MacArthur cumple la promesa que había hecho al abandonar las islas, en 1942: «Volveré». Y ese día los estadounidenses, comandados por el mítico general, desembarcan en Leyte y comienza la liberación del archipiélago filipino que los japoneses habían invadido en 1941. «Tenemos el deber moral de socorrer a los filipinos», declara el general. Y lo cumplió.

Me gustaría saber cómo vivió la familia de Isabel la batalla de Manila, que se prolongó a lo largo de todo el mes de febrero en medio de una serie de intensos combates callejeros que acabaron con la destrucción de la ciudad y de sus edificios, rica herencia cultural hispanofilipina. El salvajismo de las tropas niponas durante la lucha tiene únicamente parangón con su comportamiento en los combates de la ocupación de Shanghái en 1937.

El número de bajas civiles, tanto las ocasionadas por los combates como por los asesinatos premeditados ejecutados por los japoneses, oscila entre noventa mil y cien mil víctimas, un número similar al que causó la bomba atómica lanzada sobre Hiroshima.

Pero en ese año ocurrieron otras cosas de interés general: el 5 de abril los esposos Ethel, de 33 años, y Julius Rosenberg, de 35 años y físico reputado, son condenados a muerte por un tribunal de Nueva York, después de que un jurado los declarara culpables del delito de espionaje a favor de la Unión Soviética. El matrimonio eran hijos de inmigrantes judíos. El 28 de abril el jefe de Gobierno de Irán, Mohammad Mossadegh, nacionaliza el petróleo, la mayor y más importante riqueza del país. El 12 de mayo se produce la mayor explosión provocada por el hombre, con una potencia cien veces más destructiva que la bomba que arrasó Hiroshima, y que tuvo lugar en un desolado atolón de Micronesia, en el océano Pacífico. El presidente Truman asumió la responsabilidad de experimentar por primera vez con la bomba H.

El 16 de junio tiene lugar en Bruselas la coronación del joven rey Balduino, por abdicación de su padre, el rey Leopoldo. El soberano tenía tan solo 21 años y era soltero. Se casaría en 1960 con la española Fabiola de Mora y Aragón, una historia de amor como la que protagonizan Isabel y Mario.

El 19 de julio es asesinado por un joven árabe mientras oraba en la mezquita de El Aqsa, en Jerusalén, el rey de Jordania Abdullah ibn Hussein. Por renuncia de su hijo Talal, le sucede su nieto Hussein de 17 años de edad, quien se casaría cuatro veces (Dina, Muna, Alia y Noor), una más que Isabel (Julio, Carlos, Juan Miguel) y pronto Mario.

El 7 de septiembre un estúpido accidente, cuando tomaba un baño muy caliente para cumplir con un severo régimen de adelgazamiento, le produjo un colapso y falleció en su villa de Suresnes la bellísima actriz estadounidense de origen español María Montez. Tenía 31 años y estaba casada con el gran actor francés Jean-Pierre Aumont.

El 25 de octubre Winston Churchill vuelve a convertirse, a los 77 años, en primer ministro del Reino Unido, tras seis años de ostracismo desde la derrota electoral conservadora de julio de 1945.

El 11 de noviembre y con un lleno absoluto, el teatro María Guerrero de Madrid es el escenario de una desenfadada conferencia del pintor Salvador Dalí con el título «Picasso y yo». A lo largo de la charla declaró: «Picasso es un genio. Yo también. Picasso es comunista. Yo tampoco».

¿Fue un año interesante este del nacimiento de Isabel Preysler? Sin duda alguna. Pero la gran noticia para nosotros hoy no es otra que el nacimiento en Manila, el 18 de febrero, de una niña que llegaría a convertirse en una de las mujeres más famosas de este siglo. Tanto que lleva... cuarenta y cinco años copando las portadas de todas las revistas, y no solo las del corazón. Con 65 años y cuatro parejas, es el icono mediático y social de España y del mundo entero.

MANILA

Para este autor era importante, antes que entrar en la vida de Isabel Preysler, conocer el país, las gentes y la sociedad en la que nació y vivió. Sin este contexto, el relato quedaría incompleto. No ha sido fácil reconstruir la Manila de aquella época, de aquellos años terribles durante los que Isabel no solo nació, sino creció y vivió.

Aunque nuestra protagonista vino al mundo en el año 1951, hacía tan solo seis que en la ciudad de Manila los japoneses asesinaron, entre el 3 de febrero y el 3 de marzo de 1945, a cien mil civiles. La escultura de Peter Guzmán, compuesta por un pedestal rectangular de mármol negro con la inscripción, en blanco, que sirve de base a un grupo humano compuesto por ocho figuras distribuidas en forma piramidal, rememora esa masacre.

La familia Preysler no solo lo sufrió como muchos descendientes de españoles, sino que sobrevivió intentando olvidar aquel día de 1942, cuando el general estadounidense MacArthur se despidió de Manila asegurando: «*I shall return*», promesa que no pudo cumplir hasta el 3 de febrero de 1945, cuando «los soldados japoneses, viéndose aplastados y sin posibilidad de retirada, enloquecieron por completo y emprendieron el desmantelamiento de la ciudad y el asesinato de sus habitantes manilenses, arrasándolo todo, acogiéndose a la consigna de morir matando» (Carmen Güell, *La última de Filipinas*).

El testimonio de la española María Elena Lizarraga, entonces una niña, víctima de la peor tragedia humana de la II Guerra Mundial y superviviente de la represión y matanza indiscriminadas, es elocuentemente expresiva de lo que sufrieron apellidos españoles que vivieron de milagro como los Arrastia, los Preysler, Pinto, Moreta, Chicote, Vázquez de Prada, Soriano, Gómez, Padilla, Zóbel, Maldonado y otros muchos.

La orden del militar japonés de mayor graduación era de «matad a todo el mundo». El 7 de febrero de 1945 entraron en el convento de La Salle, donde se habían refugiado muchas familias. Cincuenta y ocho personas perdieron la vida en ese minuto, entre ellos Hellen Vázquez de Prada —perteneciente a una de las familias españolas más importantes de Manila— que estuvo agonizando tres días en medio de la calle.

Carlos Preysler Pérez de Tagle y Beatriz Arrastia Reinares, padres de Isabel.

Junto a la familia Vázquez de Prada, también fueron exterminados los curas y todos los civiles que habían buscado refugio en el colegio La Salle.

A Manila, segunda ciudad más bombardeada después de Varsovia, le llevó mucho tiempo volver a la normalidad y muchísimo más olvidar.

El 7 de diciembre de 1945 un tribunal militar declaró al general Yamashita, comandante supremo de las fuerzas japonesas en Filipinas, culpable de los cien mil filipinos asesi-

Isabel a los ocho años junto a su hermana mayor Victoria y uno de sus primos.

nados. Fue ejecutado el 23 de febrero de 1946, cinco años antes de que naciera Isabel y cinco después de que sus padres, Carlos Preysler y Beatriz Arrastia contrajeran matrimonio en la iglesia católica de La Maleta. La zona en la que crearon el hogar, Makati, fue una de las más masacradas por los japoneses, y ellos de los españoles supervivientes. Por ello, a Isabel, y a sus hermanos —ya habían nacido dos—, les tocó sufrir la caótica situación económica en la que había quedado Manila.

Mi deseo, al ponerme a escribir este libro, era encontrar a una persona que pudiera hablarme, con conocimiento, de aquella época, de aquella Manila, de aquella Filipinas, de aquellas gentes entre las que vivió Isabel. No era fácil. La suerte, con nombre de Paty Galatas, una bellísima mujer filipina y amiga mía de años, me puso en contacto con la persona que no solo vivió y vive entre Madrid y Manila, sino que perteneció y pertenece al círculo más íntimo de la sociedad manilense y, además y lo más importante... amiga íntima de Isabel.

Se trata de una ilustre dama de la alta sociedad filipina, y... española por más señas: Georgina Padilla Zóbel (de los Zóbel de toda la vida, que diría un clásico), hija de Gloria Zóbel de Ayala

Georgina Padilla Zóbel, amiga de Isabel y colaboradora en este libro, posa en esta fotografía en 1992 junto a Beatriz Arrastia, madre de Isabel, primera de la izquierda. A la derecha, Tessy Arrastia, su tía, don Luis Mac-Crohon y Victoria, hermana de Isabel.

y Montijo y de Ricardo Padilla Satrústegui, y biznieta del almirante Montojo, el de la batalla de Cavite el 1 de mayo de 1898. Esta ilustre dama, viuda de Luis Mac-Crohon y Garay, ha desgranado para este autor sus mejores recuerdos no solo de la capital filipina, sino de Isabel. Este es su relato.

LA TIERRA EN LA QUE VIVIÓ, SEGÚN GEORGINA PADILLA

«La sociedad en la que se desarrollaron los primeros años de la vida de Isabel era muy reducida, muy pequeña. Todo el mundo se conocía. Pero al mismo tiempo existía una colonia española bastante grande, muchos emparentados entre sí. Los apellidos más importantes eran, aparte de los Zóbel de Ayala, los Roxas, Soriano, Ortigas, Madrigal, Aboitiz, Brías, Araneta, Galatas, Prieto, Rocha, Berenguer, Preysler, Arrastia, Ortoll, Valdés, Loinaz, Roces, Querino, Sunico, Picornell, Zulueta, Tuason, Enchausti, Pardo de Tavera, Pérez Rubio, Got, Azcárraga, Melián, Elizalde, Lizarraga, Ossorio... —Como observará el lector, muchos apellidos vascos. A consecuencia de ello la colonia vasca en Manila era, no solo muy numerosa, sino muy importante—. Mi marido decía que parecía Neguri, la exclusiva zona de Bilbao. Se trataba de empresarios que emigraron a Filipinas convirtiéndose en grandes terratenientes y hacendados de plantaciones de coco y azúcar.

»Como dato curioso, los protagonistas de las novelas de José Rizal, el gran héroe filipino, el médico, novelista y mártir nacionalista (fue ejecutado por los españoles en Manila el 30 de diciembre de 1896), autor de *Noli me tangere* y *El filibusterismo*, suelen tener nombres vascos, como Ibarra.

»La zona donde habitaba la familia Preysler se llamaba Makati. Aquí fijaron su residencia los padres de Isabel cuando se casaron, bajo una gran inquietud civil derivada de la ocupación de Filipinas por las crueles tropas japonesas. A su vez, en esta zona existen otras fincas de estilo americano como Forbes Park, San Lorenzo, Urdaneta, Magallanes, Legazpi y Bel-Air, con vegetación tropical, jardines, piscinas y anchas avenidas bordeadas de palmeras y árboles frutales. La avenida Ayala cruza Makati con sus rascacielos de oficinas. Se trata del equivalente al Wall Street financiero de Manila. Allí vivió la familia de Isabel, primero en San Lorenzo y más tarde en Magallanes, dos preciosas urbanizaciones de Makati.

»Independiente de las fiestas que se celebraban casi todas las semanas en los jardines de estas mansiones, también se organizaban *fashion shows* o desfiles de modas benéficos con las chicas de la alta sociedad manilense, que se prestaban como modelos de grandes modistos y diseñadores. Isabel fue una de ellas y ya entonces llamaba la atención por su belleza oriental y por lo alta y elegante que era.

»El clima tropical que disfruta Manila todo el año permitía que la vida se desarrollase, casi siempre, al aire libre. La sociedad a la que pertenecía Isabel se reunía después de misa en la iglesia de San Antonio, en Forbes Park, o en la de San Agustín de intramuros, en el Polo Club o Golf, el Yacht Club o en el Army Navy Club, en la bahía de Manila. Para cenar Jai-alai o el Casino español eran los lugares escogidos.

»La lengua de la élite y la intelectualidad era el castellano. También para todo tipo de servicios administrativos y gubernamentales. No olvidemos que el español fue el idioma oficial en las islas desde 1571, año de la fundación de Manila, por Legazpi, como capital del estado filipino bajo la corona de España. Tan evidente es que el idioma español se hablaba en Filipinas que la declaración de la independencia del país fue redactada en español. Hasta que en 1898, los estadounidenses impusieron por la fuerza el idioma inglés, al apoderarse de la colonia después de la batalla de Cavite.

»Mi bisabuelo, el almirante Patricio Montojo, mandaba la escuadra española en aquella batalla tan desigual, porque desiguales eran las fuerzas navales de los norteamericanos.

»Según explica el investigador naval Alejandro Anca Alamillo, "el resultado final de la guerra hispanoamericana de 1898 estuvo inevitablemente marcado por dos combates navales decisivos que tuvieron lugar en Santiago de Cuba y Cavite. En ambos enfrentamientos, los americanos aniquilaron a las fuerzas españolas, recibiendo estas la peor y más completa derrota naval de toda su historia contemporánea".

»Tras el luctuoso hundimiento del *Maine*, el 15 de febrero, en el puerto de La Habana y antes de declarar la guerra contra España, Theodore Roosevelt ordenó al comodoro Dewey preparar su escuadra asiática basada en el puerto de Hong Kong, con el fin de destruir a la española de Filipinas.

»En Cavite, se iban a encontrar dos escuadras a priori casi equilibradas en fuerzas, con ventaja de los americanos al ser sus buques más grandes, rápidos y potentes que los españoles. En el momento de estallar la guerra, tres de los principales buques españoles se estaban reparando y el resto estaba en mal estado. A esta deplorable situación del material a flote se unía la escasez y la falta de preparación del personal que componía la Armada Española. Patricio Montojo pidió refuerzos que nunca llegaron.

»A las cinco y cuarto de la mañana del 1 de mayo de 1898 comenzó el combate. Los españoles perdieron 60 hombres, y 103 resultaron heridos; los americanos oficialmente... un muerto y quince heridos. La decisión del almirante Montojo de hundir sus buques fue precipitada. Sobre este punto existe una polémica entre la versión "oficialista" que exime a Montojo de toda

Isabel, en el centro, junto a su hermana Beatriz, a la izquierda y Georgina Padilla Zóbel y su marido.

responsabilidad y una versión "revisionista" más crítica con la actitud del almirante.

»En cualquiera de los casos, la batalla de Cavite no supuso una derrota total, sino también el triste aperitivo de lo que luego ocurriría en Santiago de Cuba, el 3 de julio de 1898, con la armada del almirante Cervera: 371 muertos, 151 heridos y 1.670 prisioneros, entre ellos el almirante español, frente a un marinero muerto y dos heridos leves, en el bando americano. La escuadra española, como antes en Cavite, fue enviada a una guerra que ya estaba perdida de antemano. Pero esa es otra historia que no viene al caso en este libro.

»Después de esta batalla, los norteamericanos importaron cientos de profesores, llamados "thomasites" porque llegaron en el barco *Thomas*, con el claro objetivo de recorrer el archipiélago para imponer el idioma inglés a los nativos. Desde entonces (hasta 1946, en que los americanos concedieron la independencia a Filipinas), quien no supiera el idioma de Shakespeare perdía su trabajo, y aquellos colegios e institutos que no lo enseñaran les retiraban la licencia y los clausuraban.

»Sin embargo, gracias a las familias españolas anteriormente citadas, entre ellos mi abuelo Enrique Zóbel de Ayala, mecenas de las artes y uno de los fundadores de la Academia Filipina, el idioma de Cervantes se ha mantenido. Él fue el fundador del Premio Zóbel, en 1920, el único premio literario español que se da en Asia y que ayudaba a conservar el uso del idioma castellano en Filipinas. Después de cuatrocientos años, la influencia española en las islas sigue vigente. Los españoles no solo trajeron el idioma, sino la religión. Filipinas es el único país católico de Asia y el más occidental de todos los de Oriente.»

LA FAMILIA PREYSLER

Georgina Padilla continúa su relato:

«Conozco a la familia Preysler desde siempre. Mis abuelos ya mantenían una gran amistad con los suyos, Faustos Preysler y Carmen Pérez de Tagle Teves, y mis padres con los suyos, Carlos Preysler y Beatriz Arrastia.

»Su familia materna tenía extensas plantaciones de azúcar y de arroz en la provincia de Pampanga. Mientras que el linaje paterno es europeo, de origen danés, alemán, austríaco, húngaro y español, el materno procede de Navarra. El bisabuelo, Valentín Arrastia, había nacido en Estella y se casó con una rica heredera nativa de Pampanga, Francisca Salgado (José Arrastia abuelo estaba considerado el terrateniente más rico de la zona, y sufrió el encarcelamiento por parte de los japoneses, salvando la vida de milagro).

»Sobre Isabel se escribieron muchas inexactitudes, por no decir tonterías. Entre otras que había venido a España para trabajar de "au pair", de secretaria o de modelo, cuando en realidad se trataba de una chica menor de edad y estudiante de muy buena familia, una de las más antiguas y conocidas de Filipinas. Estudió en el mismo colegio que yo, La Asunción, de monjas francesas, aunque no coincidimos, al ser yo unos años mayor que Isabel.

»Aquella niña siempre llamó la atención entre sus compañe-

Los seis hermanos de Preysler Arrastia: de arriba abajo y de izquierda a derecha: Victoria, Enrique, Carlos, Beatriz, Joaquín e Isabel.

ras de colegio. En muchos casos asumía un papel de auténtica líder, cuidando siempre su indumentaria y sus modales. Desde pequeña ya era muy presumida y mostraba una gran habilidad para lucir, en cada momento, el vestido que fuera el más adecuado. Como confesaron algunas de sus compañeras de aquel entonces, "Isabel destacaba por su capacidad de iniciativa y durante varios cursos fue la delegada de su clase".»

Y el historiador José Luis Vila-San-Juan cuenta en la revista *Época* de 21 de junio de 1993:

«Recibió un trato de preferencia en el colegio. Siempre representaba los papeles de protagonista en las obras de teatro y generalmente lo hacía muy bien. Durante cinco años seguidos, fue la Virgen María en el pesebre viviente. Esto le infundió bastante seguridad en sí misma».

Georgina Padilla nos sigue comentando:

Isabel junto a sus compañeras de estudios en el Mother Rose Hall de Filipinas.

«Un rasgo a tener en cuenta en su familia es la profunda fe católica, como la mayoría de la sociedad filipina. Prueba evidente de la influencia que ejerce la religión, es que en Filipinas no existe el divorcio. La madre de Isabel, Beatriz ("Betty") es un vivo ejemplo de mujer religiosa. Y su tía, Mercedes ("Mercy") Arrastia, viuda de Tuason, es actualmente y desde hace varios años embajadora de Filipinas en el Vaticano.

»Ante la pregunta de por qué vino a España, concretamente a Madrid, solo puedo decir que la "culpa" la pudo tener el amor. Isabel era una chica de 17 años, menor de edad, que se había enamorado en Manila de un rico *playboy* de 27 años.

»A sus padres no les agradaba aquella relación. Por los motivos a los que me he referido: la diferencia de edad y su condición de *playboy*. Además, en aquella época, en Manila se había puesto de moda que las chicas jóvenes que se enamoraban solían escaparse con el novio. Si esto ocurría, lo único que podía hacer la familia era autorizar la boda.

»¿Los padres de Isabel pensaron que a lo peor podía ocurrir lo mismo? A lo peor, sí, pues los precedentes existían. A los padres de Isabel les pasó algo parecido, aunque solo a lo que a edad se refiere. Se casaron con la oposición de sus respectivas familias, pues pensaban que eran demasiado jóvenes. Sin embargo, llegaron felices y enamorados, como se habían casado, a celebrar las bodas de oro.

»A pesar de todo esto, decidieron enviar a Isabel a Madrid, con sus tíos Tessy Arrastia (hermana de su madre) y Miguel Pérez-Rubio, para que continuara sus estudios en el Mary Ward College de las monjas irlandesas».

LA NARIZ DE ISABEL

Georgina Padilla sigue explicando: «En Madrid, varios amigos de sus padres se encargaron de presentarla a gente joven de la sociedad madrileña, donde enseguida tuvo mucho éxito. Sus nombres: Eduardo (Teddy) Sainz de Vicuña (padrino de Isabel) y su esposa Inés Bemberg. También María Victoria (Vicky) Zóbel de Ayala y su marido, el prestigioso psiquiatra Juan Antonio Vallejo-Nájera. Por supuesto su tío César Zulueta, su esposa Jessie y su hija Isabel Zulueta, con su marido José Gil de Biedma, entre otros.

»Como ya he dicho, soy amiga de Isabel de siempre. Tanto en Manila como en Madrid. Admiro en ella su sentido del humor, que se pone de manifiesto cuando en las sobremesas de sus cenas cuenta historias y anécdotas que le han sucedido. Lo hace con gracia, con mucha gracia. También le gusta que le digamos lo que de ella no nos agrada.

»Un día, observándola, me acordé de su querida hermana Beatriz, fallecida el 1 de octubre de 2011 a los 53 años, víctima de un cáncer de pulmón. Tanto Isabel como su hermana siempre tuvieron una nariz muy bonita, muy "castellana", que les otorgaba mucha personalidad. Por ello le pregunté a Isabel por qué su nariz estaba distinta a como era antes. Me desveló el secreto: había tenido un grave accidente que le destruyó la nariz. Se la tuvieron que reconstruir».

A propósito de narices, recuerdo a la reina Federica de Grecia, madre de doña Sofía, quien solía decir, cada vez que le elogiaban a su hija: «Bueno, sí, es una niña muy bonita, pero es una lástima que haya sacado mi nariz tan chata».

Por ello la reina emérita siempre se negó a aceptar ninguna foto de su madre en la que esta no estuviese de frente. «Quiero esta porque aquí mamá mira a Sofía.»

Aunque no tengo la confianza de su amiga Georgina, yo le diría: «Querida Isabel, el perfil es para las monedas. Ya lo dijo mi paisano Federico García Lorca: *Tres golpes de sangre tuvo y se murió de perfil. Viva moneda que nunca se volverá a repetir*». Tú, querida Isabel, siempre como la reina Federica, de frente.

Isabel con su hermana Beatriz, en junio de 1996. Quince años después fallecería a causa de un cáncer de pulmón.

ESPAÑA 1969: «LA DISTANCIA ES EL OLVIDO»

En enero de 1969, Isabel Preysler llega a España, concretamente a Madrid. «Mis padres querían que yo me olvidase de un chico con el que salía y me enviaron a vivir con mis tíos Tessy y Miguel para alejarme de él. De repente, pasé de estar en una casa donde los permisos se daban con cuentagotas a otra donde no tenía horarios. Y, claro, ¡me olvidé enseguida del chico! Fue una época maravillosa (*Vanity Fair*, junio de 2014).»

¿Qué país y qué ciudad se encuentra aquella joven, aquejada de mal de amores, que el 18 de febrero cumple 18 años? Sus padres pensaban, con toda la razón, que la distancia haría su trabajo. Tolstói decía que «el amor no tiene cura, pero es la única medicina para todos esos males». Por su parte, H. Matute, directora de Psicología Experimental en Deusto piensa que «si [la medicina] no funciona, a lo mejor hay que aumentar la dosis». El refranero es un poco más optimista cuando asegura que «el amor maltrata, pero no mata». También afirma que «la distancia es el olvido» o que «en la guerra del amor, el que huye es vencedor». Y suele funcionar porque, con la distancia, las fantasías y atributos misteriosos van desapareciendo y se desvanece el amor. En todo caso, lo que es definitivo es que «el amor es una enfermedad que se cura con el matrimonio». Como así sucedió. Pero esa es otra historia que abordaremos más adelante.

El día que Isabel llega a Madrid se encuentra un país en medio de una situación convulsa. En la capital, se viven graves disturbios al difundirse la noticia de la muerte, el día 20 de enero, del estudiante Enrique Ruano, «al arrojarse desde un séptimo piso mientras era registrado por la policía franquista». En realidad no se tiró del séptimo piso, sino que le mataron, que le arrojaron. El joven era miembro del Frente de Liberación Popular, uno de los grupos políticos que luchaban contra el franquismo. Era compañero de colegio de Alfredo Pérez Rubalcaba, quien sería años más tarde ministro del Interior de la España democrática. La muerte de Enrique le impulsó a introducirse en el mundo de la política afiliándose al Partido Socialista Obrero Español.

El nombre de Enrique Ruano aparece en la dedicatoria del libro *Sermones de España*, escrito por Jesús Aguirre cuando era el padre Aguirre. No solo me sorprendió la dedicatoria *«In memoriam»*, sino la fotografía del joven estudiante sobre la mesa del despacho del jesuita, reconvertido ya en duque de Alba por su matrimonio con Cayetana.

Intrigado, le pregunté no solo por la dedicatoria sino por la presencia de Enrique tan cerca de él: «Enrique fue un muchacho maravilloso, muy complejo, de gran atractivo personal (era muy guapo). Hoy le llamarían líder. Vivía intensamente la situación española de entonces, que le creaba muchos problemas, incluso para salir a la calle. El día que le "suicidaron" había estado en mi casa de soltero. Y desde allí se encaminó a la plaza de Castilla, donde fue detenido por la policía. Ya nunca más volvimos a verle».

Era tal la amistad, digamos, de Jesús Aguirre por Enrique Ruano, que se negó a retirar la dedicatoria del libro de *Sermones* que la censura le exigía. Ello retrasó su publicación durante dos años. «Me negué a ello. Sin esa dedicatoria, no lo hubiera publicado nunca.»

En Barcelona, el 17 de ese mes de enero, un grupo de estudiantes asalta el rectorado y sustituye la bandera española por una roja con la hoz y el martillo. Clausuran todas las facultades de la universidad. El 24 de febrero el gobierno de Franco impone el estado de excepción durante 3 meses.

El 27 de enero de 1967 el Tribunal de Orden Público encarcela a Luisa Isabel Álvarez de Toledo y Maura, duquesa de Medina-Sidonia, conocida como «la duquesa roja», por organizar manifestaciones contra el régimen y contra los estadounidenses.

El 29 de marzo, veinticinco mil mineros se declaran en huelga.

El 15 de abril fallece, a los 82 años, en su exilio suizo de Lausanne, la reina Victoria Eugenia, viuda del rey Alfonso XIII, abuela paterna de don Juan Carlos y bisabuela del rey Felipe VI.

El 14 de mayo se inaugura el parque de atracciones de la Casa de Campo, recinto que tan decisivo sería en la vida sentimental de Isabel. El 16 se casa por todo lo alto Josefa Flores González, de 22 años, conocida con el nombre artístico de «Marisol». Lo hace con Carlos Goyanes. La pareja se divorciaría años después.

El 12 de junio, cinco sacerdotes vascos son acusados en consejo de guerra celebrado, en Burgos, de un delito consumado de rebelión militar y condenados a doce años de cárcel.

El 15 de junio, el hundimiento de un restaurante en el complejo urbanista Los Ángeles de San Rafael causa 57 muertos y 150 heridos. El juez ordena la detención y el procesamiento de Jesús Gil, el propietario.

El 22 de julio, Franco designa al príncipe Juan Carlos de Borbón y Borbón sucesor a título de rey ante un pleno de las Cortes Españolas. Su padre, el conde de Barcelona, contempla por televisión desde un bar de Cascaes la ceremonia de la «traición» de su hijo.

Pero, el año 1969, ese año en el que Isabel llega a España, pasará a la historia como uno de los más importantes de la humanidad por la llegada del hombre, el 21 de julio, a la Luna. Nadie olvidará nunca cuando el módulo lunar *Eagle*, pilotado por los astronautas Neil Armstrong, Edwin Aldrin y Michael Collins, se asentaba suavemente sobre la superficie lunar. A las 21.17 minutos de ese día, tres horas más tarde, Armstrong se convertía en el primer ser humano que posaba su pie en la Luna. El mundo entero pudo contemplar, emocionado, por televisión ese momento. Y ese año de 1969, María Carmen Martínez-Bordiú, la joven que se convertiría en la mejor amiga, en la amiga más íntima de Isabel desde su llegada, se pone de largo en la finca Valdefuentes, en Móstoles, Madrid, propiedad de su abuelo, el general Francisco Franco. ¡Qué casualidad!

DOS HOMBRES PROVIDENCIALES

Julio Ayesa y Tomás Terry son dos nombres y dos hombres españoles que figurarán siempre en la historia sentimental de Isabel. Uno, Julio, procede del norte, concretamente de la localidad navarra de Olite —de Navarra es también la madre de Isabel—. El otro, Tomás, del sur, de la bella localidad gaditana de El Puerto de Santa María.

Los dos tuvieron que ver y mucho en que otro Julio, Julio Iglesias, e Isabel se encontraran, se conociesen y se enamoraran. Los dos tendrán que asumir la parte alícuota que les puede corresponder en los éxitos y los fracasos de aquel matrimonio.

Julio Ayesa

No se concibe la historia social española sin el nombre de Julio Ayesa, dotado de un encanto especial para enamorar a hombres y mujeres de la más alta sociedad internacional. Puede considerarse, junto a Tomás Terry, uno de los últimos dandis, y no solo de España sino a nivel internacional. Culto, muy culto, estudió en el Colegio Alemán de Madrid, Derecho en las universidades de Madrid y de Sevilla. Contratado por don José Banús, logró traer, para inaugurar el puerto de Marbella, a los príncipes de Mónaco, a Pat Kennedy, al Aga Khan y a Julio Iglesias, que cantó en la gala inaugural.

Isabel esquiando junto a su hija Chábeli y su amigo Julio Ayesa, que la introduce en la sociedad madrileña.

Desde aquel momento, empezó a codearse con los Onassis, Sean Connery, los Rothschild... E introdujo a Julio Iglesias en la sociedad madrileña por medio de Enrique Herreros, manager del cantante, y de la actriz Katy Ussia, que le pidieron que lo llevara a todas aquellas fiestas de postín que se celebraban en Madrid. En una de ellas Julio conoció... a Isabel.

Tomás Terry

Decir Tomás Terry es sinónimo de elegancia, buen gusto y saber estar. Pertenece a una de las familias con más solera de El Puerto de Santa María. Es el segundo de los diez hijos de Fernando de Terry del Cuvillo e Isabel Merello. Los otros nueve son Fernando, Isabel, María Cristina, Jesús, Inmaculada, Ignacio, Gonzalo, Rafael y Santiago.

Tomás padecía de niño una lesión que le dejó secuelas al andar, pero que no le ha impedido recorrer el mundo entero. A los 14 años pierde a su padre. A partir de entonces, y a pesar de su juventud, comienza a desarrollar su gran capacidad como anfitrión, empresario y relaciones públicas al más alto nivel.

Trabajó muchos años en la empresa familiar, dedicada al vino, la agricultura, la ganadería, pero sobre todo en su rama de los caballos.

Casado, en primeras nupcias, con Ana Rosa Pidal, contrae matrimonio por segunda vez con Pilar González de Gregorio, hija de la duquesa de Medina-Sidonia —la duquesa «roja»— y madre de su único hijo, Tomás junior. Se ha relacionado con personalidades, no solo españolas como la duquesa de Alba, Isabel Preysler, sino también internacionales, como el príncipe Carlos de Inglaterra, Gina Lollobrigida, Sofía Loren, Bo Derek.

Isabel con Tomás Terry, gran amigo desde su llegada a España. Tomás la introdujo y presentó a la sociedad madrileña en una famosa fiesta en la Casa de Campo. Desde entonces, perdura su amistad.

EL PRIMER ENCUENTRO

Aquel año de 1970 fue cuando se conocieron Julio e Isabel. El encuentro tuvo lugar en la fiesta que dio en su casa Juan Olmedilla, un importante ejecutivo madrileño.

Lo cuenta Julio Ayesa: «Yo era muy amigo de Julito y también de su manager entonces, Kike Herreros (hoy Enrique), que me pidió que le sacara, le acompañara a los sastres y le presentara a gente importante de Madrid. Aproveché la fiesta que Olmedilla le ofrecía a Manuela Vargas, una leyenda del baile flamenco que había triunfado en el teatro Prince of Wales de Londres y en el teatro Avenida de Buenos Aires, para llevar a Julio, quien nada más llegar se fijó en una joven de rasgos orientales».

«Era casi una niña. En realidad apenas había cumplido los 18 años. Julio tenía 27 y se sintió atrapado por el encanto de aquella criatura que desentonaba entre la concurrencia —recuerda Alfredo Fraile en sus memorias—. Julio me confió que le había gustado mucho aquella joven de rasgos orientales. "Ya le he echado el ojo, tengo que volver a verla."»

Nadie sabía que el bisabuelo materno de aquella joven, Valentín Arrastia, era de Allo (Navarra).

«Aproveché la invitación que Tomás Terry me había enviado para la fiesta en el pabellón que la familia había instalado en la feria internacional del campo para llevar a Julio. Estaba seguro de que también estaría Isabel. No me equivoqué.

»Después de aquel segundo encuentro ellos fueron —cuenta Julio Ayesa— a Tartufo, una de las mejores y más exclusivas discotecas de Madrid, con palcos vip, para oír al cantante José Feliciano, puertorriqueño de nacimiento. Otro día le llevé a la Embajada Británica, donde la embajadora Georgina Russell, esposa del embajador, ofrecía una recepción a la que yo estaba invitado.»

«TODO MADRID» CONOCE A ISABEL

La Casa de Campo es el mayor parque público de Madrid con una extensión de 1.722 hectáreas, que duplica la del Bois de Boulogne, de París; dos veces y media mayor que el parque Fenix de Dublín; cinco veces más grande que el Central Park de Nueva York, y seis y media más grande que Hyde Park de Londres. Fue propiedad de la corona española y coto de caza de la realeza. Tras la proclamación de la Segunda República, fue cedida por el Estado al pueblo de Madrid el 1 de mayo de 1931.

En este hermoso parque, Franco decidió instalar la Feria del Campo, una exposición bienal o trienal, de carácter internacional —solo fue nacional la primera que se celebró— que se inicia el 27 de mayo de 1950 y que se mantuvo hasta principios de los años setenta.

Se trataba de un certamen al que accedían las provincias españolas y algunos países americanos que traían muestras de lo mejor de la cabaña ganadera y productos agrícolas.

Por unos días, Madrid se adentraba en el campo español del que siempre ha estado un tanto de espaldas.

En esta feria, en este recinto, en el pabellón de la Casa Terry, comenzó en realidad la historia de amor de Julio e Isabel, como cuenta el propio Tomás Terry, su gran amigo.

«Desde los años cincuenta, cada dos años se celebraba en

Isabel, en una foto tomada en 1970, año que conoce a Julio Iglesias.

Madrid la Feria del Campo, una exposición en la que las provincias españolas y algunas de las antiguas colonias mostraban sus especialidades agrícolas, gastronómicas y artesanales. Para la ocasión, se convertía la Casa de Campo en una pequeña ciudad folclórica, con pabellones construidos en la arquitectura típica de cada lugar y atendidos por un personal que vestía el traje regional correspondiente. Así, junto a una réplica de la puerta Bisagra de Toledo, te encontrabas un pazo gallego y una masía catalana, después un hórreo asturiano y un molino manchego, entre unas calles en las que se mezclaban flamencas, falleras, maños, payeses y los grupos de curas y monjas que entonces pululaban por todas partes.

»Muchas empresas también instalaban sus pabellones, y tal era el caso de las bodegas Terry, que acudían con los caballos cartujanos de la ganadería de nuestro Hierro del Bocado, y por supuesto con sus vinos y brandis. En la edición de 1970, la importante para la vida de Isabel y de Julio, nuestro caballo Descarado II —que los lectores de más edad recordarán montado por una rubia en el anuncio televisivo de Terry— recibió el premio de campeón nacional de pura raza española. Para celebrarlo, organizamos una fiesta en nuestro estand, un simpático cortijo andaluz al que no le faltaba de nada: su patio central del albero, blanquísimas paredes llenas de geranios, pozo, pilón y una hilera de boxes de los que asomaban las cabezas de los mejores potros y sementales. Lo había construido un prodigioso artesano que trabajaba en la bodega, Paco Ameneiro, bajo la dirección de nuestro amigo Eduardo Ruiz-Gollury.

»Fue una fiesta que improvisamos al recibir la noticia del premio. Y, además, bastante sencilla, a tono con el lugar, que al fin y al cabo era una feria agrícola. Organizamos unas copas al final de la tarde, con cena después y citamos a muchos amigos: Isabel y Leopoldo Rodés, Fernando Cubas, Juan Tomás y Javier

Gandarias, Cary Córdoba y Manolo Lapique, Ana Rosa Pidal, Natalia Figueroa, Lola Flores con su *troupe*, Curro Romero y Conchita Márquez Piquer; Paco de Lucía, que vino con Camarón y Bambino; Lucía Bosé con su hijo Miguel, muy jovencito entonces; la actriz María Cuadra, el futbolista Yanko Daucik, Maleni Loreto o la Polaca y su marido, José de la Peña. Además Julio Ayesa, que era muy amigo nuestro y conocía a medio mundo, trajo a su tocayo e íntimo Julio Iglesias, una gran contribución, pues Julio era el cantante del momento y tenía una legión de admiradores, incluyendo a muchas de las invitadas.

»A veces Julio cantaba en las fiestas —yo le había visto hacerlo estupendamente en la de la hija de los embajadores ingleses, Georgina Russell—, así que intentamos que se animara. Hubo suerte y una vez que se caldeó un poco el ambiente, ya entrada la noche, cantó "Gwendoline", el tema con el que acababa de representar a España en el festival de Eurovisión. Tuvo mucho éxito, pero no terminó ahí la cosa, porque después de los aplausos, Lola Flores, en uno de sus geniales arranques, se lanzó a cantar y bailar una personalísima versión flamenca de "Gwendoline", jaleada por todos los asistentes. Con esta atmósfera y los artistazos allí reunidos, se organizó un flamenco espontáneo que duró hasta la madrugada. La gente estaba entusiasmada e incluso los caballos con sus relinchos y coces contra las puertas de los boxes parecían querer unirse a la algarabía general. Nada que ver con la sencilla reunión que habíamos planeado.

»En medio de todo este tumulto, yo estaba de un lado para otro atendiendo a la gente, y no me di cuenta de lo que luego se comentó como una de las anécdotas de la noche: el flechazo de Julio por Isabel Preysler. Isabel llevaba poco tiempo en España, pero ya tenía muchos amigos y todos la invitaban. A nuestra fiesta había venido con sus amigas Carmen Martínez-Bordiú, Marta Oswald y Chata López Sáez. Yo entonces la conocía poco, no era la gran amiga que ha sido después, pero no me pasaba desapercibida su atractiva personalidad y su ingenio, que se unía a un físico muy distinguido y con un ligero toque exótico que la hacía muy especial. Yo creía que ya se habían visto en algún otro sitio, pero, según contó Julio, se conocieron allí y debió de quedar prendado de ella porque se casarían poco más de un año después.»

EL JULIO IGLESIAS QUE ENAMORA A ISABEL

Cuando Isabel llega a Madrid, Julio Iglesias empieza a convertirse en un cantante de éxito después de ganar el festival de Benidorm, el 17 de julio de 1968, con la canción «La vida sigue igual», compuesta por él mismo, acompañado solo de una guitarra.

Un día del mes de noviembre llegó al hotel Barajas de Madrid, donde se celebraba la boda de Eduardo Sánchez Junco, hijo del fundador y director de *¡Hola!*, Antonio Sánchez Gómez, con la joven Mamen Pérez Villota. La ilusión de los novios era que Julito cantara en la cena de la boda. Por entonces yo era redactor jefe de la revista y gran amigo del cantante. Abusando de estas dos circunstancias, me pidieron que le convenciera. Llegó al hotel en un Mercedes descapotable de color rojo, el primer coche que se había comprado con el dinero ganado en Benidorm.

Una prueba de que entonces no era muy conocido es que estuvo durante un tiempo largo en el *hall* del hotel con su guitarra en la mano sin que lo reconociera nadie. Julio no cobró por su actuación. Sí lo hizo, en cambio, María Dolores Pradera. Sánchez Junco le regaló a Julio unos gemelos de oro de la joyería Montejo, de la madrileña calle de Goya. A la Pradera, 200.000 pesetas.

Durante la cena Julio compartió mesa y mantel con este autor y con Carmen, mi mujer.

Esta anécdota demuestra que el Julio de quien se enamora Isabel en la fiesta de Tomás Terry, a la que acudió, repito, por invitación de Julio Ayesa («me encanta esa chica oriental, preséntamela que ya le he echado el ojo») no era el artista famosísimo en que se convertiría después. Aunque aquella noche, en el pabellón de los Terry, en la Feria Internacional del Campo, Julio era la estrella, no por haber ganado en Benidorm, sino por haber ocupado en el festival de Eurovisión, celebrado en Amsterdam en 1970, el cuarto lugar con «Gwendolyne».

El nombre de la canción era el de una actriz inglesa, Jean Harrington, que vivía en Londres y de la que Julio se había enamorado, como sucedía con muchas mujeres que conocía. En esto, Julio era un «don Juan» impenitente e infiel por naturaleza, y, claro está, Isabel no lo sabía cuando aquella noche Julio se enamoró de ella. Las bellezas exóticas siempre fueron la debilidad del cantante. No olvidemos a Vaitiare, la muchacha nacida el 15 de agosto de 1964 en la Polinesia Francesa, concretamente en Tahití, y que fue amante de Julio a lo largo de la década de 1980. Se trataba de una espectacular criatura, medio niña, medio mujer, de 18 años, que, según Alfredo Fraile, «le encantó, le fascinó y le atrajo locamente».

Pero Isabel no pareció urgida por conocerle, nada había más lejos de sus planes que convertirse en la novia del muchacho de moda en España. Según Alfredo, Julio desplegó ante ella sus dotes de gran seductor y le pidió el teléfono, cosa que no había hecho en el primer encuentro ocurrido en la fiesta en casa de Olmedilla y de la que hemos recordado las palabras de Julio Ayesa. Y la llamó para invitarla a un concierto de Juan Pardo en el teatro Carlos III. En aquella época era un cantautor y compositor de gran fama, mucho más que Julito. Además de su carrera en solitario, formó parte de algunos de los mejores grupos de la década de 1960 y 1970, y promovió y compuso temas para cantantes como Los Pecos, Rocío Jurado, Luz Casal, Camilo Sesto, Chiquetete y Massiel. Muchos lectores recordarán que formó dúo también con Antonio Morales junior. En aquel año de 1970, su canción, «Cuando te enamoras» ocupaba lo más alto de las listas de entonces, junto a «Anduriña».

LA VIO Y SE ENAMORÓ

Transcurridas unas semanas, Julio empieza a hablar de Isabel como «la mujer de mi vida», recuerda Alfredo Fraile en su libro de memorias *Secretos confesables* (ediciones Península, 2014). Incrédulo, Fraile le contestó: «Julio, yo conozco a varias mujeres de tu vida».

Por su parte Isabel, en las memorias que escribió para *¡Hola!*, recuerda cómo sucedió todo: «Conocí a Julio Iglesias en 1970. Me pareció un chico simpático y educado, con un aspecto muy agradable. Julio no era todavía un famoso cantante. De todas formas, a mí nunca me han impresionado las personas por su importancia o popularidad. Tres días después de que nos presentaran, se me declaró, y a los seis meses ya éramos novios. Quería que nos casáramos enseguida, pero yo le dije que esperáramos un poco. Recuerdo perfectamente sus palabras: "Esto no es una declaración, no pienso lo que te estoy pidiendo, pero quiero decirte que eras la mujer perfecta que siempre hubiera imaginado para casarme"».

En junio de 2014 Isabel le confesó a Lourdes Garzón, directora de *Vanity Fair*: «Al poco tiempo de aquella salida Julio me pidió que me casara con él. No una, sino varias veces. Pero en mi cabeza no entraba el matrimonio tan pronto. Yo era una chica que se estaba divirtiendo en España, que lo estaba pasando bomba.

Podría decir que nos casamos porque estábamos enamorados, y sería verdad, pero lo cierto es que... me quedé embarazada. Entonces parecía una tragedia no pasar por la vicaría».

El gran Alfredo Fraile recuerda así aquella situación: «En diciembre, cuando apenas habían pasado siete meses desde el primer encuentro, Julito me dijo de repente: "Alfredo, Isabel está embarazada. Necesito que me organices una boda urgente y secreta".

»Yo no daba crédito a lo que estaba escuchando. Me parecía una locura embarcarse en una boda con una mujer que acababa de cruzarse en su camino. Casarse suponía cambiar de registro su imagen pública. No era lo mismo vender a un romántico seductor, triste y solitario que a un prudente padre de familia».

A Enrique Herrero, que todavía llevaba la representación de Julio (luego se la regalaría a Alfredo porque no creía que Julio llegara a ninguna parte. Además, acaba de contratar a Jaime Morey y estaba convencido de que le reportaría más dinero), lo de la boda le pareció una locura. No le convenía. Si aparecía como un hombre casado, iba a perder a muchas fans.

A los padres de Isabel, lo de la boda les pareció una auténtica locura. También que su hija se casara con un simple cantante. A los de Julio, Isabel les pareció muy poco. Además a Charo, la madre de Julio, una mujer amargada por las infidelidades y malos tratos de su marido, nunca le gustó Isabel, a quien llamaba despectivamente «la china» y cosas peores.

Al buenazo de Alfredo no le quedó más remedio que intentar solucionar la crítica situación buscando... un cura. Recurrió para ello al padre Aguilera, que le había casado meses antes con la bellísima María Eugenia Peña Soto, en el templo madrileño de San Francisco el Grande. «Debíamos buscar un sitio discreto —cuenta Alfredo—. Y con esta idea visitamos varias iglesias alrededor de Madrid. Al final nos decidimos por Illescas, provincia de Toledo, a cuarenta kilómetros de Madrid. Además, el templo estaba junto a un salón de banquetes propiedad de José Luis, famoso restaurador.»

Por supuesto no era un lugar lleno de glamour, sino más bien vulgar, pero entonces Isabel no era la mujer en la que llegó a convertirse años después, ni Julio tampoco, porque estaba en los comienzos de su carrera artística.

LA REACCIÓN DE PAPUCHI

Juan Luis Galiacho es un gran periodista de investigación y escritor, doctor en Ciencias de la Información y licenciado en Ciencias Económicas y Empresariales, también profesor de Teoría Política y Económica en la Universidad Nacional de Educación a Distancia (UNED), y profesor en la Facultad de Ciencias de la Comunicación de la Universidad Rey Juan Carlos I de Madrid. En su documentadísima obra *Isabel y Miguel. Cincuenta años de historia de España,* relata cómo fue la reacción del doctor Iglesias, más conocido por «Papuchi», cuando su hijo Julio le comunicó la noticia del embarazo de Isabel.

Las fuentes del autor debieron de ser muy próximas a los protagonistas, por lo que no tengo razones para dudar del relato. Lo cuenta exactamente así: «Julio acababa de regresar de Londres, donde había grabado su primer álbum musical. Solo hacía dos años que había ganado el festival de Benidorm y era ya un cantante que prometía.

»Fue a su regreso cuando su novia Isabel le comunicó que estaba embarazada. Julio se emocionó porque ciertamente estaba enamorado de aquella joven que había conocido en una fiesta, unos meses antes. Y así, con esa alegría de padre primerizo llegó a la casa familiar, en el barrio madrileño de Moncloa, donde vivían sus padres, el doctor Julio Iglesias Puga, más conocido como "Papuchi", y María del Rosario de la Cueva, junto a su hermano menor, Carlos».

Desconozco las fuentes de Juan Luis Galiacho para reproducir el diálogo en su ya citada obra, e ignoro si se produjo exactamente como él lo cuenta. Ni quito ni pongo nada, solo pienso que pudo ser así o parecido, sobre todo conociendo como conozco a sus protagonistas:

—Papá, tengo que hablar contigo.

—¿Qué ocurre, Julito? ¿Algo grave?

Y se dirigieron al despacho del doctor, donde, según contaría el propio Julio a sus amigos más íntimos, se produjo una conversación similar a esta:

—Dime, hijo, ¿qué pasa?

—Papá, ha ocurrido algo.

—Dime.

—Pues... que Isabel se ha quedado embarazada.

Se hizo un silencio durante el cual el doctor Puga midió su enfado y decidió no darle salida, prefirió ser práctico y sopesó la solución.

—Desde luego no es la situación más conveniente y la que hubiera deseado para ti... Estoy seguro de que a tu madre le va a disgustar mucho... Sin embargo, poco se puede hacer, no hay muchas opciones.

—Lo sé...

—Más habría valido que lo hubieras tenido en cuenta en su momento... Pero, en fin..., ahora no podemos retroceder en el tiempo. ¿Qué es lo que habéis decidido, abortará Isabel o pasaréis por la vicaría?

—Por favor, papá, no hables así... No es fácil..., hemos hablado mucho y ninguno de los dos se plantea el aborto.

—Pues entonces... no queda otra que la iglesia. Os casáis y punto.

—No sé…, no lo tenemos tan claro…, no nos viene bien. Yo estoy lanzando mi carrera y tengo muchos compromisos, no es un buen momento… Tendré que viajar, no quiero estar limitado… Además, Isabel tampoco tenía en mente casarse. No está dispuesta a casarse solo por esperar un hijo.

—Pero ¡qué excusas son esas que estás diciendo! Mira, Julito, no me cabrees más, esto es lo que hay, toca fastidiarse… Y si no, ¡haberlo pensado antes, que los dos ya sois mayorcitos! (Julio tenía en ese momento 27 años e Isabel solo 19).

— Pero, papá…

—No, hijo, no, no sigas por ahí. Si el compromiso es malo para tu carrera, es peor la alternativa. Si no os casáis, ella tendrá que marcharse de este país. Ser madre soltera en esta España de hoy es inconcebible, os arruinaría la vida. A ti y a ella. Así que… o boda o exilio.

Julio bajó la cabeza en señal de acuerdo con las razones de su padre.

—Está bien, papá, hablaré con Isabel.

—Pues habla con ella. De momento, yo voy a hablar con tu madre, habrá que empezar con los preparativos.

Según Alfredo Fraile, jamás se planteó la posibilidad de un aborto. Isabel tenía muy firmes creencias al respecto y quería traer al mundo el bebé, costara lo que costase.

SE CASÓ LLORANDO

A pesar de todas las medidas que se tomaron para guardar el secreto, no solamente del embarazo de Isabel, sino de la boda, el tema se les fue de las manos. Todo el mundo acabó enterándose. Según Alfredo, la culpa, en parte, fue de Enrique Herreros. Aprovechó la boda para promocionar al artista, que aún representaba, llamando a la prensa. Ya que Julio iba a cometer el error de casarse, había que sacarle todo el jugo posible. El día de la boda hubo más periodistas y fotógrafos que invitados. Fue un desastre. Era la primera vez que Isabel se enfrentaba a la popularidad. Era su bautizo ante los focos. El país se enteró de la identidad de la mujer de Julio Iglesias. Isabel lo pasó muy mal. No era la boda con la que había soñado. Incapaz de disimular, estuvo llorando durante buena parte de la ceremonia. «Nunca he visto llorar igual a una novia», comentó el sacerdote. Las suyas no eran lágrimas de amor ni de emoción y de alegría, sino de tristeza y angustia. Se

El 20 de enero de 1971 se celebra la boda de Julio e Isabel, que en la fotografía aparecen cortando la tarta de novios.

casaba embarazada, con el primer hombre con el que se había acostado, y sin que su padre la pudiera llevar al altar, ausente por motivos familiares. Sí estaban presentes su madre y su hermana, que nada sabían del futuro bebé.

Isabel me recuerda, a la hora de escribir este capítulo, a tres novias que, al igual que ella, no pudieron evitar llorar a lágrima viva y las tres se casaban con príncipes y sus bodas y fotos ocuparon muchas páginas de periódicos: la princesa Irene de los Países Bajos y Máxima Zorreguieta, hoy reina de Holanda. También Charlene de Mónaco, aunque esta nadie llegó a saber por qué lloraba.

Llorar, lloran todas las novias. Las lágrimas de una novia son tan elocuentemente expresivas de sus sentimientos que ha habido oficiantes que las han aceptado como respuesta sin esperar al clásico y obligado «sí quiero». Llorar, lloró Sofía cuando se casó con Juan Carlos, quien tuvo que dejarle un pañuelo; también Fabiola, cuando contrajo matrimonio con Balduino; Elena con Jaime de Marichalar y hasta la impresentable Mette-Marit con Haakon Magnus. Aunque las lágrimas de esta última parecían más bien lágrimas de cocodrilo. Incluso ha habido novios que han llorado. El príncipe Laurent, hijo menor de los reyes Paola y Alberto de Bélgica, demostró, sin pudor, que los hombres también lloran. No una vez ni dos, sino tres, durante la ceremonia civil, en la ceremonia religiosa y hasta en el balcón de palacio, donde los novios se besaron. También los hombres de Dinamarca lloran, como cuando el heredero, Federico de Dinamarca, recibió el día de su boda, en el altar de la catedral de Copenhague, a Mary Donaldson, la abogada australiana de la que se había enamorado, con los ojos llenos de lágrimas.

El poeta Ovidio escribió que «las lágrimas pesan más que las palabras», sobre todo porque, si hay palabras que lloran, también hay lágrimas que hablan. El príncipe Laurent, con sus lágrimas,

Julio e Isabel brindan después de la ceremonia de su boda por la felicidad de un matrimonio que duraría... siete años.

le estaba diciendo a Claire el más emocionado «sí quiero» de la historia de la monarquía, tan dadas a ocultar o disimular los sentimientos.

Todas estas parejas de las que estamos hablando lloraban de emoción. Pero ¿por qué lloraron Máxima y Charlene? De la hoy soberana de Mónaco, nadie entendió por qué entró en el patio del palacio Grimaldi de Montecarlo llorando. Lo hizo durante toda la ceremonia y salió en un baño de lágrimas. Seguramente simple y sencillamente porque no quería casarse. Charlene, presa de un ataque de pánico escénico —les suele suceder a algunas novias en víspera de contraer matrimonio—, había intentado huir del principado. Nunca se había visto a una novia más triste y llorosa el día de su boda que Charlene quien, a sus treinta y tres años, se arrastraba por la roja alfombra hacia el altar del brazo de su novio, el príncipe Alberto, de cincuenta y tres años. Todo el principado contuvo la respiración cuando se le preguntó si aceptaba a Alberto como esposo, y respiró tranquilo al oírle decir, con voz entrecortada: «Oui».

El llanto de la hoy reina de los Países Bajos, la bellísima Máxima, máxima en todo, sí se supo por qué. El gobierno, que no la corte holandesa, había prohibido que su padre, Jorge Zorreguieta, estuviera presente en la boda. ¿El motivo? La muy democrática Holanda no podía permitir la entrada en el país de quien había sido ministro del dictador argentino Jorge Videla, condenado a cadena perpetua por sus crímenes. El ex ministro se opuso a esta decisión, hasta que Máxima, su hija, entre lágrimas y de rodillas no tuvo más remedio que pedirle: «Vos, papá, no podés asistir». Fácil de suponer el dolor de Máxima, cuando tan importante es, en una boda, el padre de la novia. Si esta ausencia ya era suficiente para que las lágrimas temblaran en los párpados de sus bellísimos ojos, el sonido de un bandoleón interpretando el tango de Piazzola hizo que su dolor contenido estallara rompiendo a llorar desconsoladamente. Todos los presentes en la catedral y los millones de telespectadores que veían la ceremonia por televisión lloraron con ella. No ha habido nunca ni habrá lágrimas más dolorosas y emocionantes.

Pero volvamos a nuestra protagonista. ¿Por qué lloró Isabel? ¿Por los mismos motivos, por la ausencia de su padre? A Isabel tampoco su padre pudo acompañarla al altar y fue su tío quien actuó de padrino. La madrina fue la madre de Julio, Rosario de la Cueva, quien también lloró mucho porque tampoco veía con buenos ojos esta boda. Según Alfredo Fraile en su citada obra, «Julio tuvo que convencerle para que se casara... La idea inicial de Isabel era la de no casarse e irse a Estados Unidos con sus tíos, que vivían en San Francisco, y tener el bebé allí... Prefería eso a casarse en estas condiciones, deprisa y corriendo...». La resistencia de Isabel a celebrar aquel triste enlace estuvo gravitando sobre el matrimonio Iglesias-Preysler hasta el final de sus días con la misma cantinela: «Julio, no fui yo quien se empeñó en que nos casáramos, sino tú. Hicimos aquella boda porque tú quisiste». La precipitación impidió la presencia de su padre, aunque tampoco le habría gustado saber que la niña se casaba embarazada. La estricta moral imperante entonces en la sociedad de Manila debió de pesar en la ausencia paterna.

El beso de amor a Isabel el día de su boda fue sincero. Estaban realmente enamorados.

Las lágrimas de Isabel no fueron porque no deseaba casarse; sería erróneo pensar que su matrimonio fue una amargura. Al contrario. A aquella desconcertante boda le siguieron tiempos de plena felicidad entre Julio e Isabel, una felicidad de la que Alfredo Fraile fue testigo y copartícipe como cuenta en sus ya citadas memorias.

GIRA AMERICANA SIN DINERO Y EMBARAZADA

Un buen ejemplo de que cuando Isabel se casó con Julio no le movían motivos económicos, ni tan siquiera de promoción social, es el viaje que hicieron, como «prolongación de la luna de miel», por América, visitando Panamá y Venezuela, y que lo atestigua. Este viaje lo hacían con una Isabel embarazada de tres meses largos. La acompañaba la bellísima María Eugenia, la mujer de Alfredo por deseo de Julio, para que Isabel no estuviera sola mientras ellos trabajaban. Lo hacían sin músicos. Tenían que contratarlos en cada lugar donde Julio cantaba. Y a veces solamente le acompañaba su guitarra, «porque no habíamos logrado ni un piano, ni una batería, ni un bajo. No siempre teníamos lo que necesitábamos», cuenta Alfredo Fraile.

¿Y qué decir de los locales donde actuaba? En Panamá incluso lo hizo en un puticlub puro y duro, lleno de chicas de alterne; «señoritas alegres —las califica Alfredo en sus memorias—, chicas que iban y venían, sin apenas ropa, correteando por todos lados».

Afortunadamente ni Isabel ni María Eugenia se enteraban, encerradas en el hotel, que muchas veces se trataba de auténticas pensiones de mala muerte. Lo más grave de la situación es que ni les pagaron. «"Mire, caballero, a mí lo que me interesa es que la gente venga, se distraiga con las señoritas y pidan co-

Alfredo Fraile con su mujer, María Eugenia, Isabel Preysler y Julio Iglesias, en el año 1972, ante el muro de Berlín.

pas. Este no es un teatro para dar conciertos, sino otra cosa. ¿Me comprende?", dijo, digamos, la madama.

»Encima, no les pagó el show. Acto seguido regresábamos al hotel a enfrentarnos con la dura realidad. Como no nos habían pagado, no teníamos dinero ni para la pensión», recuerda el bueno de Alfredo.

La situación no podía ser más desoladora. Aunque Isabel no era interesada, la situación no era precisamente para sentirse feliz, por lo que las riñas, los disgustos y hasta las peleas eran frecuentes. Uno de esos dramáticos días, la bronca había sido de tal calibre, antes de una de sus actuaciones, que Julio sintió que no estaba en condiciones de cantar.

Así recuerda Alfredo Fraile aquel momento: «Como pude, le hice ver que no podía dejar tirado al empresario. Primero, porque no era serio. Segundo, porque necesitábamos el dinero para comer. Al fin accedió y lo hizo con mucha emoción». Lo que Alfredo no esperaba es que al final del concierto, un magnífico concierto por cierto, Julio le explicara al público los motivos de su tristeza: «Les tengo que confesar la verdad: me encuentro mal porque acabo de tener una fuerte discusión con mi mujer. Estamos recién casados y me duele mucho dejarla sola en la habitación».

Lo que no dijo es que, además, estaba embarazada. Posiblemente lo complicado de la situación hizo que las tensiones se hicieran constantes, tensiones acrecentadas por los celos de las fans que Isabel comenzaba a tener.

Ignoro si llevaba bien o mal el embarazo. Pienso que habría días más buenos que otros, o más malos. Era una criatura de 19 años, lejos de su familia, sin medios económicos, hospedándose en hoteles de tercera, viajando en aviones de mala muerte o de un lugar a otro por carreteras intransitables. Y Julio tampoco lo estaba pasando nada bien pues las tensiones, las preocupaciones y los disgustos le provocaban molestas colitis. «A Julio le afectan mucho las cosas, es una persona muy sensible. Y se le nota —confiesa Alfredo—. Por todo esto y por mucho más, se decidió que Isabel y María Eugenia regresaran a España. Por el bien de ellas y tranquilidad nuestra.» Julio lo vio con buenos ojos. Según su mánager, la presencia de Isabel le distraía y con ellas cerca no podía atender a sus fans como debía. También aseguraba que la propia Isabel sufría de celos. Pero, en cualquier caso, fue la perfecta compañera de Julito en sus tiempos más duros.

Y PARIÓ SOLA A CHÁBELI

Lejos de su marido, de su familia y de su país fueron pasando los meses. El embarazo empezó a ser visible. ¿Dónde dar a luz?

Aunque cueste creerlo hoy, Isabel tuvo que «huir» de España para tener a su hija Chábeli y evitar así el escándalo en aquella España tan intransigente, católica, apostólica, romana y de falsa moral, en la que hasta la esposa del vicepresidente del Gobierno de Franco, la mujer de Carrero Blanco, tuvo que ser repatriada porque se había fugado con el chófer a Italia.

¡Qué tristeza dar a luz a su primer hijo a escondidas!, como si fuera una madre soltera, cuando se había casado por la iglesia. Ignoro quién fue el responsable de esta humillación. A lo peor Julio, o su familia, tan de derechas y franquistas ellos. ¿Habrían preferido que Isabel abortara? No diría que no. Pero Isabel, de profundas raíces católicas como buena filipina, se negó, si es que se lo llegaron a proponer.

Sabían que al dar a luz en España, en Madrid, al personal le sobrarían dedos para contar el tiempo transcurrido entre la fecha de la boda y la del nacimiento de la niña. Uno... dos..., tres..., cuatro..., cinco..., seis... ¿siete? ¡No salen las cuentas! O es sietemesina o Isabel se ha casado de penalti. ¿De penalti, la mujer de Julito? ¡Imposible!

La sociedad española de entonces era mala, muy mala y muy

falsa. Se trataba de la época en la que los maridos tenían queridas. Y se contaba incluso que algunas señoras presumían de que «la de mi marido es más guapa que la del tuyo». ¡Cuántos hijos están pidiendo hoy las pruebas de paternidad porque el señorito había estado con quien no debía! Era tan cruelmente intransigente esta España que la falsa moral la practicaba por igual tanto la alta sociedad como las clases menos favorecidas. Un ejemplo muy conocido: la madre de Manuel Díaz el Cordobés, María José, una modesta sirvienta que trabajaba en la casa de unos amigos de Manuel Benítez, en la madrileña calle de Alcalá, se queda embarazada del torero. No solo fue olvidada por el padre de la criatura, sino repudiada por su propio padre, un humilde peón, por no pasar por la vergüenza, en el pueblo, del embarazo de su hija soltera. Como este, mil casos en aquella España siniestra y lorquiana, que afortunadamente queda ya atrás. Tanto, que años más tarde, toda una princesa como Carolina de Mónaco se casaría dos veces, y las dos embarazada de tres meses: en 1983 con Casiraghi, y en 1998 con Ernesto de Hannover.

Volviendo a Isabel, finalmente se eligió Cascaes como lugar para dar a luz, tan cerca y tan lejos aquel día de España. Se trataba de una villa portuguesa de pescadores de 33.000 habitantes, a 25 kilómetros al oeste de Lisboa, y a tres de Estoril, de tanta evocación para España por ser el lugar del exilio de don Juan, conde de Barcelona. A partir de los años treinta Cascaes, junto con la citada Estoril, se convirtieron en meca de la clase alta portuguesa y de muchos viajeros ricos de todo el mundo. ¿La distancia con Madrid?: 650 kilómetros.

Allí nació Chábeli, el 3 de septiembre de 1971, siete meses después de la boda, el 20 de enero. Allí dio Isabel a luz a su primer hijo, en el hospital Nuestra Señora de Cascaes. Sola. Ni tan siquiera le acompañaba su marido. Solo el doctor Iglesias, Papuchi, que también asistió a los partos de los otros dos hijos de Isabel con Julio: Julio José y Enrique.

«Cuando nació Chábeli, tardé un día entero en encontrar a Julio para darle la noticia» —cuenta Isabel.

«Y él tardó otro día en llegar a Cascaes. Y eso que no se encontraba en América, sino en Albacete —recuerda Alfredo Fraile—. Esa misma noche, después del recital, salimos a la carretera en dirección a Madrid y de allí Julio tomó otro coche para llegar a Lisboa y conocer a su hija. Isabel dice que no estuvo más de una hora. Se volvió a marchar porque tenía que cantar.»

SAN FRANCISCO DE SALES, EL PRIMER HOGAR

En realidad, San Francisco no fue el primero, sino el segundo hogar en España. El primero fue un pisito en la calle Profesor Waksman, cerca del estadio Santiago Bernabéu y del Paseo de la Castellana, en el que vivieron exactamente diecisiete meses, entre el nacimiento de Julio José, el 25 de febrero de 1973, y Enrique, el 8 de mayo de 1975. Chábeli había nacido el 3 de septiembre de 1971.

Transcurrido este tiempo, y dado que la familia se iba incrementando, decidieron trasladarse a un edificio de la madrileña calle de San Francisco de Sales, el número 31, una importante avenida cercana a la ciudad universitaria. Se trataba de un buen edificio, sin ser excesivamente lujoso, construido para altos funcionarios de los ministerios y personalidades relacionadas con el régimen. El doctor Iglesias negoció la compra de tres pisos: uno para sus hijos Carlos y Julio respectivamente, y otro para él. Precisamente en este piso suyo falleció el 19 de diciembre de 2005, en la mayor de las soledades. Tenía 90 años el simpático Papuchi. Su esposa, la mulata Ronna Keitt, madre de un hijo de un año y embarazada del segundo, se había marchado a pasar las Navidades en América con su familia, decisión que no deja de sorprender dada la avanzada edad del doctor Iglesias.

A uno de estos pisos se trasladó Isabel con sus hijos. Era el lugar al que Julito regresaba con su familia entre gira y gira. Y allí acudía yo para el reportaje familiar que se publicaría en *¡Hola!*. A veces la ausencia se había prolongado hasta tres meses. Regresaba al hogar con las manos llenas de regalos para sus hijos. En ocasiones, resultaba difícil mantener una conversación a causa de la interrupción de los niños para que papá les ayudara a montar las vías del tren o a enganchar los vagones. Todo lo que nos rodeaba era, en apariencia, entrañablemente familiar.

La procesión de Isabel iba por dentro. Pienso que los niños se sentían más felices que mamá. Bien sabía Isabel que aquello era pan, y poco, para hoy, y hambre, no para mañana, sino para dos o tres meses. Menos mal que en un piso más abajo, ¡oh, casualidad!, vivía su amiga más entrañable, Carmen Martínez-Bordiú y su esposo Alfonso de Borbón, duques de Cádiz. Dicen que el piso se lo regaló a su nietísima doña Carmen, la generalísima. Puede.

Carmen, cuya amistad con Isabel venía desde el día en que ella llegó a la Casa de Campo a la fiesta de Tomás Terry, la sacaría después, no solamente de su casa, sino de sus casillas. Pero eso es otra historia, que explicaremos más adelante. Mientras tanto, Isabel se conformaba con llevar una vida apacible, posiblemente tristemente apacible, dedicada por entero a sus hijos. En ningún momento pretendía ser famosa; incluso le costaba trabajo participar en aquella farsa de los reportajes familiares.

Juan Cruz, mi querido amigo y compañero, y uno de los más importantes periodistas de *El País*, en su magnífico libro *El peso de la fama* (Aguilar, 1999), habla de los riesgos de la popularidad de los personajes famosos, entre ellos Isabel Preysler y, ¡sorpréndanse!, Mario Vargas Llosa, nuestros dos protagonistas. En este libro cuenta algo que demuestra lo que yo escribí en 1994 sobre Isabel: repito, nunca pretendió ser nada más que la mujer de Julio. ¿Quién lo diría hoy? Pero lo ha sido a la fuerza y por las circunstancias.

«—Me acuerdo que en la boda de Carmen Martínez-Bordiú vinieron los de *Vogue* Francia diciendo que querían una foto mía —le cuenta Isabel a Juan Cruz—. A Julio le chocó muchísimo, pues el artista de la familia era él. Yo siempre que aparecía en una foto era porque estaba junto a mi marido, pero nunca sola por mi lado...

»—¿Y él te lo permitió? —le interrumpió el periodista.

»—No, no lo permitió. Recuerdo que se le acercaron los fotógrafos y le pidieron permiso: "No, lo siento mucho", les dijo. Yo ni pregunté el porqué. "El artista de la familia soy yo", remató Julio. Y aunque no hay quien me diga que no a algo si de verdad me apetece, en este caso me daba exactamente igual. Julio nunca entendió la poca vanidad que yo tenía. Y, sin embargo, la opinión pública siempre me ha acusado de todo lo contrario.»

Julio e Isabel con sus hijos, en la primera visita que la familia hizo a Manila, en enero de 1976.

En mi libro *La historia de ¡Hola!* (Temas de hoy, 1994) se puede leer: «Aunque resulte difícil de creer, a la niña Isabel de entonces no le gustaba la popularidad ni las fotografías ni las entrevistas. Es más, eran algo que le molestaba profundamente en su vida de pareja. Entendía que eso estaba bien para la vida artística de Julio. Y así lo aceptaba. A regañadientes, pero lo aceptaba. Se negaba a que le afectaran a ella o a su vida familiar. Procuraba estar siempre en un segundo plano, ayudando a su marido y animándole, pero en la sombra».

EN CASA Y CON LA PATA QUEBRADA

Siempre he sentido una especial predilección y una debilidad personal por Isabel Preysler. La conozco desde el 20 de enero de 1971, cuando se casó con mi amigo y padrino Julio Iglesias. Era casi una niña. No había cumplido todavía los 19 años. Él, si no le doblaba la edad, como en la canción, sí tenía ya 28. Han pasado ya cuarenta y cinco años. Isabel sigue siendo, con sesenta y cinco años y tres maridos —el cuarto a las puertas de cuando redacto este libro—, sigue siendo, digo, un icono mediático y social, no solo en España sino en el mundo entero.

No me cabe la menor duda de que sorprenderá y les resultará incluso increíble leer, por todo lo que ha pasado en estos cuarenta y cinco años, que Isabel, mi querida niña Isabel, fue una gran esposa, fiel y leal, como la que más. De aquellas esposas de «en casa y con la pata quebrada». Le guardaba las ausencias a Julio, su marido, hasta el extremo de no poner los pies en la calle sin su permiso.

Un ejemplo muy personal: a propósito de la dichosa frase «en casa y con la pata quebrada», que Diego Galán utiliza como título de una película, no parece tener un equivalente tan bruto en ninguna otra lengua cercana. En francés, lo más parecido es *retourne à tes fourneaux,* y en inglés *barefoot and in the kitchen.* Nada tan tajante como la frase de un país tan machista como

España. Apareció por primera vez en el *Quijote*, una frase espantosa, y no solo para las feministas.

Cuando yo publiqué *Mis bodas reales*, dada la gran amistad que me unía con el matrimonio Iglesias, telefoneé a Isabel para que acudiera a la presentación en el Club 24, de Dina Cosson, una *socialité* que mandaba mucho en Madrid de aquel 1976. Al acto estuvieron invitados y asistieron, entre otros muchos, los reyes Simeón y Margarita de Bulgaria, los príncipes de Baviera, los grandes duques Vladimiro y Leónida de Rusia, los duques de Cádiz y, por supuesto, también estaban invitados Julio e Isabel.

Él disculpó su ausencia por encontrarse de gira por América. Isabel llamó a Julio para pedirle permiso. Dada nuestra amistad, Julio no puso ningún impedimento. Es este un elocuente ejemplo de cómo era la niña Isabel de entonces. No solo como esposa, incluso también como madre. Una magnífica madre de sus hijos a los que educaba en solitario. Julito aparecía de vez en cuando, se hacía el reportaje familiar y se marchaba.

De aquellos viajes y reencuentros quedaba siempre constancia en *¡Hola!* con el reportaje familiar en el piso de la madrileña calle de San Francisco de Sales a la que me he referido, y que yo les hacía, y en los que iba advirtiendo el deterioro que las ausencias producían en la pareja. Aunque el lector solo veía a un matrimonio feliz, a un Julio sonriente, a una Isabel también sonriente, aunque disimulando porque así se lo pedía él tras las consabidas riñas llenas de reproches, y a los hijos felices de tener de nuevo a papá en casa, que llegaba como un rey colmado de regalos.

Tanta ausencia obligó a Isabel a consolarse con su vecina, en el edificio que habitaba la nietísima, María del Carmen Martínez-Bordiú, que animó a la niña Isabel a salir del retiro de su casa. La señora Iglesias y la duquesa de Cádiz se convirtieron en amigas inseparables. Esta amistad perjudicó seria y gravemente al matrimonio.

Julio con Isabel y los tres hijos del matrimonio en la «visita» de 48 horas que él realizaba al hogar madrileño de San Francisco de Sales. Esta, concretamente, en abril de 1977.

Por otro lado, el desamor comenzó a producir en Isabel un rechazo hasta a las canciones de su marido. Aunque hubo amigas suyas que me informaron de que no le gustaban, sería al final y como venganza. Porque Vicente Sánchez, en su libro *Caza y poder,* demuestra que no siempre fue así.

Vicente fue testigo, cuando se encontraba en un Range Rover, con Isabel Preysler y su marido Carlos Falcó y el rey Juan Carlos al volante del coche, quien, aburrido por la espera de la cacería de perdices, dijo: «Vamos a poner música». Y apretó la casete que estaba a medio insertar en la radio del coche. Inmediatamente salió la voz de... Julio Iglesias, cantando una de sus bonitas y melodiosas canciones. Carlos Falcó saltó como una hidra: «Señor, ¡qué mal gusto tiene!». Sin dar mucho tiempo a pensar, Isabel se volvió rápida, enérgica, y con voz seca y molesta le espetó: «Carlos, ¡Julio será lo que sea, pero tiene una voz preciosa y canta como los propios ángeles!». «El rey —cuenta Vicente en su libro—, que estaba ligeramente vuelto hacia el interior del coche y me miraba directamente con cara divertida, me guiñó un ojo haciéndome una significativa mueca con la cara.»

Poco a poco la «niña Isabel», como la conocía todo el mundo, se fue transformando en «la Presyler» o, de una forma más despectiva, «la china» y «la filipina». Julio fue el gran responsable de la transformación de su esposa por sus continuos abandonos, pero no hay que olvidar también cómo le afectó la relación con Carmen Martínez-Bordiú. A la duquesa de Cádiz no le importaba el título ni el tratamiento de alteza real, ni los hijos, ni la memoria del abuelito, ni el dolor de la abuelita, ni la opinión pública, ni su triste marido, cuyo matrimonio no es que hubiera dejado de divertirla, es que no le había divertido nunca.

En todo caso, se trataba de dos señoras que estaban cansadas de sus respectivos maridos. La una se valió de la otra. Ignoro quién de quién para romper sus mutuos estados de aburrimiento.

Sin olvidar que Isabel no era ni ha sido nunca mujer de amantes, sino de maridos. El amor de un marido, pasado por la Iglesia o por el juzgado, pero de un marido.

Nuestra protagonista seguía siendo la sufridora y engañada esposa que esperaba con infinita paciencia, cada vez menos amorosa, el regreso, a veces semanas o meses enteros, de su marido, sin más relación que las peleas por teléfono. Hasta que se... desenamoró.

«Cuando me enteré de las infidelidades de Julio, sobre todo con la argentina Graciela Alfano, me llevé una desilusión muy grande. Julio no era fiel, pero me adoraba. Estoy segura de que me quería de verdad y de que yo estaba por encima de todas las mujeres, pero me ponía en un pedestal que no existía. Julio era un hombre muy celoso, muy posesivo, y yo hacía todo lo necesario para que él se quedara tranquilo. Hasta que... me cansé», le reconoció a Lourdes Garzón, la gran directora de *Vanity Fair*, en el transcurso de una de las entrevistas más sinceras que Isabel haya concedido nunca.

Cuando Isabel tomó la decisión de separarse, su familia intentó que se replanteara la separación. «Mira, mamá, me he llevado una desilusión muy grande y ya no estoy enamorada. Tan sencillo como eso. A ella (su madre) no le entraba en la cabeza que me separase, y menos si mi marido no quería.»

LA INDISCRECIÓN DEL CONTESTADOR AUTOMÁTICO

Pero hubo un detonante que motivó la ruptura del matrimonio de Julio e Isabel y lo vamos a contar aquí. ¡Tantos motivos había!

A veces, la vida depara curiosas coincidencias telepáticas que se dan aun estando separados los protagonistas por miles de kilómetros. Lo que se va a contar puede resultar increíble, pero ocurrió. Tal cual.

Uno de los escenarios era Buenos Aires, concretamente un restaurante. Los comensales: Julio Iglesias y Alfredo Fraile. En un momento determinado de la comida, Julio, que se mantenía serio, preocupado, como ausente, se dirigió a Alfredo con estas palabras: «Tienes que prometerme que, si un día me separo de Isabel, nunca vas a dejar que vuelva a casarme».

Casi a la misma hora, en otro escenario, situado a miles de kilómetros, en Madrid, se encendía la mecha que haría estallar aquel barril de pólvora sobre el que se desarrollaba el último capítulo de la vida matrimonial de Julio e Isabel. Era una hermosa mañana de primavera de 1978. Yo acababa de llegar a mi despacho, en la calle Miguel Ángel, 1, donde se encontraba *¡Hola!*, de la que yo era redactor jefe. Como todos los días, puse en marcha el contestador automático en el que, entre otros muchos mensajes de voces que se identificaban, escuché una voz femenina, anónima ella, aunque luego la identifiqué, que me informaba de unas presuntas infidelidades de Isabel, haciéndome saber incluso el lugar donde se desarrollaban aquellos apasionados y secretos encuentros con su amor, que no era otro, según se oía en la grabación, que el marqués de Griñón.

Por aquel entonces yo mantenía una muy buena relación con Isabel. Así que la telefoneé para advertirle de que alguien la quería mal y deseaba hacerle mucho daño. No habían transcurrido treinta minutos, cuando se presentó en mi despacho acompañada de su íntima amiga, la duquesa de Cádiz. Juntas escucharon una y otra vez la cinta. No les interesaba tanto lo que allí se revelaba —¡bien lo sabían las dos!—, sino identificar a aquella víbora, esa voz femenina anónima y delatora.

—Es fulanita —decía la duquesa de Cádiz.

—No, es menganita —le contestaba asustada Isabel.

—Que no, que no, que esa zorra es ella, conozco su voz —insistía Carmencita.

—¿Cómo va a ser esa? ¿No te das cuenta de que tiene acento extranjero?

¡Y tan extranjera que era! Alemana por más señas, y duquesa por matrimonio, según los comentarios de ellas dos.

Yo, que siempre había visto a Isabel tan digna, tan señora, tan controlada y sobre todo tan segura, me impresionó verla tan descompuesta, desencajada, asustada y llena de miedo, del propio miedo que sentía y que no podía ocultar. Tuvo el valor suficiente para pedirme la cinta. Con ella en el bolso, las dos esposas infieles se marcharon. Posiblemente porque el propio miedo le dio valor, lo cierto es que, pasada una hora, Isabel se encontraba de nuevo ante mí en el despacho de *¡Hola!*. En esta ocasión... sola.

Quizá porque pensaba que no hay mejor defensa que un buen ataque o porque deseaba justificarse ante el amigo de su marido, por haber sido cogida en falta, ¡y qué falta!, comenzó a hablarme de sus frustraciones, de las ausencias, de las soledades, de cómo Julio se comportaba con ella, de las infidelidades de él... «Si yo te contara, no te lo ibas a creer.»

Hablaba y hablaba. Yo escuchaba, pero sobre todo pensaba en lo que veía: una mujer aterrada porque su infidelidad hubiera trascendido por medio de aquella voz anónima y, además, femenina. Aterrada ante el hecho de que el primero en saberlo, aparte de aquella mujer, fuera un íntimo amigo de su marido que, para acabarlo de arreglar, era... periodista.

Yo sabía que Julio regresaba aquella noche de Buenos Aires, y sentí pena por los dos, sobre todo por Julio. El encuentro no iba a ser precisamente feliz. Todo dependía de si Isabel superaba el pánico que se había apoderado de ella. Y «de su miedo tuve miedo», como diría Shakespeare. Pero no pensé, en ningún momento, que iba a suceder lo que ocurrió.

Cierto es que no más de tres visitas de veinticuatro horas con sus correspondientes noches de amor, que es mucho decir, había realizado Julio al hogar familiar de San Francisco de Sales en lo que iba de aquel año de 1978. Sorprendentemente, y durante estas breves estancias, no había surgido el menor incidente entre el matrimonio, cuando antes siempre los había. Posiblemente Isabel no solo había dejado de amarle, sino que ya estaba empezando a enamorarse de otro. Esta situación de honorable, honesta y honrada esposa con marido y amante, no figuraba en la vida de Isabel, mujer de maridos, pero no de amantes.

HOLA Y ADIÓS

Como yo suponía, el rencuentro fue, no como se esperaba, sino mucho peor. Según el querido Alfredo Fraile, «Julio esperaba una buena bronca de su mujer. Pero no intuía, ni por asomo, que en aquellas horas durante las que volaba de Buenos Aires a Madrid estaba viviendo los últimos suspiros de su matrimonio».

Alfredo dice que cuando vio a Isabel en el aeropuerto se asustó.

—Isabel, ¿ocurre algo?

—No, Alfredo, pero quiero hablar urgentemente y a solas con Julio.

Isabel había decidido no esperar ni un momento más de la llegada de Julio para plantearle la separación. Solo habían transcurrido diez horas de la conversación en mi despacho de *¡Hola!* tras oír la cinta acusadora del contestador automático. Quería actuar rápido.

Alfredo no sabe lo que Isabel le dijo a Julio a solas, en la sala del aeropuerto de Madrid-Barajas («les vi hablando sin gesticular ni elevar el tono, sin aspavientos»). Después de la charla tan rápida, Isabel se dio la vuelta y abandonó la sala mientras Julio se acercaba a Alfredo para decirle:

—Hazme un favor: recoge mi equipaje y llévatelo a tu casa.

Al parecer las palabras de Isabel fueron: «Julio, tú tuviste que pedirme muchas veces que nos casáramos, pero yo te voy a decir una sola vez que nos separamos». Y en medio de la sala de equipajes del aeropuerto Isabel acababa de dar por finalizado su matrimonio. Hola y adiós.

¿Qué había ocurrido? Simple y sencillamente que aquella voz de la cinta del contestador precipitó el desenlace, tan solo unas horas después de saber Isabel que su infidelidad matrimonial había sido descubierta y no por el periodista amigo íntimo de su marido, sino por una «amiga».

Al día siguiente, transcurridas menos de veinte horas de la segunda visita que me hizo Isabel, apareció Julio en mi despacho, acompañado por Alfredo Fraile. Solo veinte horas que debieron de ser las más tristes y dramáticas de su vida. De él y de ella. Reconstruir lo que ocurrió entre el momento de la llegada de Julio, recién aterrizado de Argentina, y su aparición en mi despacho, con el rostro demacrado y los ojos enrojecidos por la falta de sueño o, quizá porque había llorado, es difícil de explicar aunque no de imaginar.

Cuando Isabel abandonó, por segunda vez, mi despacho, ya tenía tomada la decisión. Como mujer oriental, es misteriosa y difícilmente inescrutable. Posiblemente Julio nunca llegó a conocerla bien. Ni el marqués. Y tal vez tampoco Boyer. A lo mejor, Mario sí. Aquel mismo día Isabel acudió a otro despacho, el de Antonio Guerrero Burgos, ilustre abogado muy relacionado con El Pardo. El mismo letrado lo reconocería el 22 de julio de 1978: «No soy el abogado de la señora Iglesias. Ella ha acudido a mí tan solo para consultarme y asesorarse. Los problemas ante los que se encuentra la pareja en estos momentos son los normales en este tipo de separaciones: hijos, casa y dinero». Bien lo sabía él, que se encontraba en vísperas de casarse con la duquesa de Cardona, después de haber anulado su anterior matrimonio, en Brooklyn.

Isabel sabía que tenía que actuar con rapidez, anticipándose al posible escándalo de que su historia con el marqués de Griñón no solo llegara a oídos de Julio, sino de la opinión pública. Los argumentos de la ruptura matrimonial serían los que me había expuesto en mi despacho: abandono, soledad y sobre todo infidelidad de... él.

EL DRAMÁTICO COMUNICADO

El resultado del drama de aquella noche fue un comunicado que Isabel exigió conjunto y que no tenía desperdicio. Julio me lo entregó para su publicación. Lo hizo en el mismo despacho donde, veinte horas antes, Isabel se había visto descubierta por aquel contestador automático, que estaba sobre la mesa, como mudo testigo del drama con el que se deshacía una familia, que todo el mundo, sin excepción, creía ejemplar y envidiosamente feliz. ¡Tan guapos, tan jóvenes, tan ricos, tan famosos!

En diez líneas, escritas a máquina, en una vulgar cuartilla, se liquidaban siete años de matrimonio.

El comunicado en cuestión, firmado por Julio Iglesias a la izquierda y María Isabel Preysler Arrastia a la derecha, estaba redactado en los siguientes términos:

Saliendo al paso de posibles especulaciones o noticias escandalosas que pueden tener origen en la situación personal nuestra, conjuntamente nos consideramos obligados a explicar de una vez para siempre la determinación, a la que libremente hemos llegado, de separarnos legalmente.

Ante todo, el supremo interés por nuestros hijos nos obligó a resolver de una forma amistosa y legal nuestras situaciones personales.

Las razones, por ser íntimas, quedan para siempre en nuestra conciencia.

Si leemos detenidamente el documento, observamos que Isabel, precavida ella, había tenido presente, a la hora de redactarlo, la existencia de la cinta con la voz anónima. Por eso, se curó en salud haciendo constar «saliendo al paso de posibles especulaciones o noticias escandalosas...», cuando ella sabía que solo existía una noticia que podía ser un gran escándalo: la mujer de Julio se ha enamorado del marqués de Griñón.

Mientras tanto Julio seguía creyendo, ingenuamente, que «la vida sigue igual», cuando hacía tiempo que era ya muy diferente. Nunca se paró a pensar que si él tenía gran éxito con las mujeres, su mujer no lo tenía menos con los hombres, como se ha visto y se está viendo con Mario Vargas Llosa.

Ugo Foscolo decía que «arrepentirse del pasado, aburrirse del presente y temer el futuro, tal es la vida...». Isabel nunca se ha arrepentido de haber amado; que se sepa, su vida no ha tenido nada de aburrida y el futuro lo tiene más que asegurado.

¡Cuánto te admiro, niña Isabel!

El lector inteligente se preguntará, lógicamente, si Julio llegó a saber de la existencia de la cinta delatora que, a lo peor, provocó el fin del matrimonio. Yo nunca se lo conté. Aunque me hubiese liberado del sentimiento de culpabilidad que me acompañó durante mucho tiempo. Pero no podía traicionar a la mujer que me había abierto su dolorido y ofendido corazón. No sería yo quien aireara a los cuatro vientos lo que tan mezquinamente había llegado a mí con el solo afán de hacer daño a una mujer a quien, a lo peor, envidiaba y odiaba. No me gusta que me utilicen. Por ello no tengo nada de qué avergonzarme. Pienso que fui leal a los dos. A Julio y a Isabel.

JULIO NO SE RESIGNABA

Julio Iglesias, a pesar de haber firmado este comunicado, no se resignaba y le pidió a Alfredo que le pusiera espías a Isabel para averiguar si existía otro hombre. Ni a él ni a la madre de ella «le entraba en la cabeza que me separase y menos si mi marido no quería hacerlo», según confesó Isabel.

Julio reconocía que no le era fiel a su mujer, pero la adoraba. No podía ser que a él, a quien tantas mujeres perseguían para acostarse o para convivir, su esposa le abandonara. El buenazo de Alfredo recuerda que las broncas por teléfono entre Julio e Isabel se hicieron constantes. Cada vez que volvían a Madrid rumiaba lo que le esperaba, porque hasta los oídos de Isabel habían llegado las historias de sus conquistas. Toda Argentina sabía, porque publicado estaba, que Julio mantenía un tórrido romance con Graciela Alfano, la amante de Eduardo Masera, comandante de la Armada y miembro de la junta militar de Videla. ¡Había que tener valor!

Isabel no supo nunca que durante un tiempo un detective estuvo siguiendo sus pasos allá donde fuera. Incluso permanecía a las puertas de su casa en San Francisco de Sales intentando conocer la identidad de las personas que visitaban a Isabel, las personas que Isabel recibía. Los informes no aportaron ningún dato. Nada había sospechoso en la vida de su ex mujer. Esta circunstancia respalda mi opinión de que ella se separó harta de las infidelidades de su marido, y no porque en su vida existiese el marqués de Griñón ni ningún hombre en esos momentos.

A pesar de lo dolorosa que fue la ruptura, el acuerdo de separación resultó «amistoso». Según Alfredo Fraile, se acordó que Julio abonara todos los meses a Isabel 85.000 pesetas de entonces para la manutención de los tres hijos. La cantidad no era excesiva, pero Isabel no pidió más. Se portó como una señora. Cierto es que Julio también corría siempre con los gastos extras de sus hijos.

«LA MANZANA PODRIDA»

«El mérito de la gestión de mis divorcios ha sido de mis maridos, porque se han portado conmigo como unos señores. Siempre que me he separado, he seguido en mi casa. Por ello, cuando me separé de Julio me quedé en San Francisco de Sales. Para mí eso era muy importante, que todo siguiera más o menos igual. Sobre todo por mis hijos», le contó a mi amiga Lourdes Garzón.

En esa casa era, como ya hemos relatado, vecina de la duquesa de Cádiz, María del Carmen Martínez-Bordiú, de la que era muy amiga. «Ella se separó casi al mismo tiempo que yo y nos encontramos con que éramos jóvenes y liberadas.»

El pobre Alfonso de Borbón y Dampierre, en sus memorias (Ediciones B) es injusto con Isabel, calificándola como «la manzana podrida que estropeó todo el cesto», cuando era todo lo contrario. Fue su entonces esposa, «la vecinita de enfrente», quien sacó a Isabel no solo de su casa sino de sus casillas. «Hubo influencias muy nefastas y sutiles. Las que suelen aparecer en las rupturas matrimoniales», cuenta el pobre Alfonso de Borbón.

Carmen, a diferencia de Isabel, se aburría soberanamente con y de su marido, un hombre triste, resentido política y familiarmente. Pensaba que el sucesor de Franco, a título de rey, no podía ser su primo Juan Carlos, sino él como hijo del infante don Jaime, mayor que don Juan, el conde de Barcelona, a quien odiaba. Con la boda de la nietísima se intentó, no solo por su parte, sino también por la de doña Carmen Polo, la abuela, y sobre todo por el marqués de Villaverde, su padre, «torcer» la voluntad de Franco para que él y Carmen fueran los herederos y como tales futuros reyes de España. Por ello, yo siempre califiqué la boda de Carmen y Alfonso como la de la «conspiración». No pudo ser. Habían llegado demasiado tarde a Franco, que ya había decidido, en la persona de don Juan Carlos, aunque un tiempo hubo que el caudillo pensó que Alfonso, si don Juan seguía incordiando con sus pretensiones, podría ser un buen recambio, un buen heredero. «Es católico, de familia real y mayor de edad», le dijo a su primo y jefe de la casa militar, Franco Salgado-Araujo. Es más, cuando se celebra la boda, con asisten-

Isabel junto a su gran amiga Carmen Martínez-Bordiú.

cia de don Juan Carlos y doña Sofía, al regreso a La Zarzuela esta le confiesa a su marido: «Creo que debemos preparar el equipaje». No dejaba de tener cierta razón. Desde ese día el mayor enemigo de don Juan Carlos dormiría, todas las noches, con la amadísima nieta del hombre en cuyas manos estaba su futuro.

Estas frustraciones del pobre duque de Cádiz influían, cuando no afectaban, en la relación del matrimonio. Carmen, que tenía los pies en el suelo y no en los sueños dinásticos de su marido, empezó a alejarse de él en la medida en que se acercaba a su amiga Isabel. «Esa persona que no dejaba de encomiar los encantos de la libertad. En sus reuniones se respiraba un aire de independencia e irresponsabilidad. Carmen era joven y se dejaba influir», se lamentaba el duque de Cádiz en sus memorias.

El pobre y desgraciado Alfonso, desgraciado desde la cuna a la sepultura, es injusto en sus *Memorias* con Isabel. Era Carmen y no ella quien en ese tiempo engañaba a su marido con Jean-Marie Rossi, a quien conoció en 1976 en un viaje a Bari con... Alfonso.

Carmen esperó a mudarse desde San Francisco de Sales a Puerta de Hierro para dejar a su marido. Lo cuenta Alfonso en sus *Memorias*:

> La tormenta estalló cuando nuestra casa de Puerta de Hierro terminó de construirse, una casa en la que había puesto tantas esperanzas en una vida feliz. Era un sueño de infancia que finalmente se cumplía [eso creía él]. Había sufrido la carencia de un hogar familiar con la separación de mis padres. Tener un punto fijo donde poder instalarme, ordenar de una vez por todas la biblioteca, volver de cada viaje, entrar por la noche por un período benefactor renovado tantas veces como días nos da Dios, donde se encuentra

lo que se ha dejado, los seres queridos y las cosas, era lo más importante para mí, y finalmente lo tenía. Una casa grande y clara, con un jardín, árboles y pájaros. Nos mudamos desde San Francisco de Sales a Puerta de Hierro, aunque la decoración no estaba terminada, transportamos todo lo que poseíamos [aquí habla en plural], los muebles, las mesas, los recuerdos, papeles y libros. Y, ese mismo día, no el siguiente, Carmen me comunica que iba a abandonarme... Carmen no deseaba empezar de nuevo, como suele decirse, de cero. Nuestro matrimonio había dejado de divertirle y por ello ella se iba, sin más, no viendo razón para quedarse [al parecer los hijos no eran razón suficiente]. Descubrí un poco tarde lo que debiera haber visto en mil pequeños detalles: un carácter superficial, la seriedad del matrimonio no estaba hecha para ella.

Aquí es donde Alfonso carga y echa la culpa, injustamente, a Isabel de que Carmen le hubiera abandonado: «Durante los días siguientes y muchos más traté de reconstruir las causas accidentales de la decisión de Carmen. ¿Por qué lo había decidido en ese momento y no en otro? Hubiera debido prestarle más atención —repetía sin querer aceptar que ella se aburría con él, y, lo que es peor, que nunca lo había querido—. Había encontrado la ocasión bajo la forma de un señor que tenía menos problemas que yo y se mostraba, probablemente, más apto para divertirla sexualmente». Eso fue lo que el pobre hombre escribió.

EL MARQUÉS DE GRIÑÓN NO FUE EL MOTIVO

Lo que el lector va a leer a continuación no supone una contradicción sobre lo que hemos escrito de las causas del fin del matrimonio de Julio e Isabel. El comportamiento de esta última, una vez materializada la separación con la firma del documento que aquí hemos publicado, demuestra, elocuentemente, que el marqués de Griñón no fue el culpable. O, al menos, el único culpable. Como le dijo Isabel a su madre cuando supo de las infidelidades de su marido, «me he llevado una desilusión muy grande y ya no estoy enamorada».

¿Fue entonces cuando Isabel empezó a salir, sin pedir previamente permiso a Julio, como tenía la obligación de hacer por imposición de su machista y celoso marido? Posiblemente. Ella lo contó en las «Memorias» que escribió para la revista ¡Hola!:

Empecé a salir con un grupo de amigos. Un día me invitaron a una sesión privada de la película *Fiesta del sábado noche*. Estábamos unas veinte personas, entre ellas Carlos Falcó, con quien coincidí poco después en una cena. No se separó de mí en toda la noche. Hablamos, entre otras cosas, del Safari Park. Le comenté que a mis hijos les encantaban los animales y prometió enviarme una invitación y un plano. Una semana más tarde me invitó a visitar su Safari Park con mis hijos. Tuvimos tiempo de charlar largo y tendido. Descubrí que lo que más me gustaba de él era su sentido del humor, su refinada educación y su cortesía.

Por su parte, Carlos contaba en *El País* del 14 de agosto de 2005 aquel primer encuentro:

> Cuando conocí a Isabel yo no tenía ni idea de ese mundo rosa de las revistas ni nada de eso. Recuerdo que le invité a que viniera a una reserva de animales que habíamos montado con Félix Rodríguez de la Fuente en la provincia de Madrid [el Safari Park al que se refería Isabel]. Con mucha delicadeza, ella me preguntó si había gente. Y yo le dije que había previstas visitas de colegios y profesores. Pero ¿qué problema existía? «No, el problema es que me conozcan.»

En esto coincide con lo que Isabel le contaba a *¡Hola!*:

> Carlos y yo comenzamos a vernos con más frecuencia. Un buen día, al llegar a casa, comprendí que entre los dos existía, porque había nacido, una atracción mayor. Entonces le dije que debíamos andar con cuidado porque a mí me seguía la prensa a cualquier sitio que fuera.

¿Por qué a Isabel le preocupaba que la vieran con algún hombre cuando todo el mundo la sabía felizmente casada y enamorada de Julio Iglesias, como sufridora esposa, abandonada y soportando infidelidades, pero honesta y honrada esposa? En alguna de aquellas cenas que compartió con el marqués de Griñón o en alguna de las visitas al Safari Park, «alguien» que no la quería, alguien que le tenía envidia, aunque la vida que había llevado hasta entonces no era nada envidiable, esa voz anónima del contestador automático de mi despacho («la mujer de su amigo se la está pegando con el marqués de Griñón»), debió de romper el equilibrio en el que mantenía la vida que empezaba a disfrutar. Fue el detonante que precipitó la decisión que le anticipó a su madre: separarse de Julio. Pero no lo hizo porque estuviera enamorada del marqués, ni este de ella. No olvidemos que Carlos, cuando conoce a Isabel, mantiene relaciones oficiales con Sandra Gamazo, después de haberse separado de su primera esposa, Jeannine Girod. De este matrimonio nacieron dos hijos, Manuel, en 1964, y Alexandra en 1967.

EL SEÑOR MARQUÉS

El marquesado de Griñón es un título nobiliario español creado el 25 de febrero de 1862 por la reina Isabel «para doña María Cristina Fernández de Córdoba y Álvarez de las Asturias Bohórquez, hija de Joaquín Fernández de Córdoba Pacheco y Téllez-Girón, sexto duque de Arión, y de María Encarnación Álvarez de las Asturias Bohórquez y Chacón».

Carlos Falcó —marqués de Griñón, grande de España, marqués de Castel-Moncayo, descendiente del Gran Capitán, ingeniero agrónomo, cofundador del Siglo XXI, presidente del Círculo Español del Lujo Fortuna, empresario, elaborador de vino y aceite— se reveló desde muy joven al destino castrense que le tenía preparado su familia. Para ello buscó la complicidad de su abuelo Joaquín. «Me había impresionado la almazara que había en su castillo de Malpica del Tajo y Valdepusa, la bodega con sus tinajas de barro, pero mucho más que todo aquello se vendía a granel. Poco después le escribí desde el internado donde estudiaba y le dije que, si convencía a mis padres para que pudiera ser ingeniero agrónomo, le ayudaría a mejorar el aceite y el vino, incluso embotellarlos con el nombre de la propiedad.» (*El País*, Maite Nieto, 27 de junio de 2015.)

Para mejorar las cosechas de vino y de aceite y poder un día venderlo embotellado con el nombre de la propiedad, se decidió a estudiar ingeniero agrónomo. Ha sido uno de los grandes éxitos de su vida, pues por todo el mundo se reconoce su trabajo como agricultor y empresario de los mejores vinos y aceites.

Su vida sentimental es un prodigio de equilibrio. Como el rey Hussein de Jordania, cuando me dijo: «Imagínese cómo es mi vida con cuatro esposas y once hijos». Carlos Falcó podría decir lo mismo o parecido. Casado tres veces (Jeannine Girod, Isabel Preysler y Fátima de la Cierva), tiene cinco hijos: Manuel y Alejandra, del primer matrimonio; Tamara del segundo; y Duarte y Aldara, del tercero. Al igual que el desaparecido rey hachemita, Carlos se lleva muy bien con todas sus ex parejas.

Al mayor de sus hijos, Manuel, lo define como «un buen banquero y gran persona»; a Xandra, «energía, visión y la líder femenina que necesitamos»; a Tamara, «dulzura, transparencia, alegría y sensibilidad»; de Duarte ha dicho que es «cazador, taurino, radical activista, antiabortista, muy inquieto, muy lector y un activista pro vida»; y a Aldara, la benjamina, «buena estudiante, superlista, práctica y quiere ser Nobel de química».

De sus ex, con las tres se lleva, repito, muy bien. Con eso está dicho todo.

VINO, ACEITE Y MUJERES

Carlos Falcó, marqués de Griñón, es un agricultor, como a él le gusta denominarse, apasionado por el que siempre fue su entorno vital: la agricultura, los viñedos, los olivos y el aceite virgen extra, la caza y el vino. Desde muy joven mostró esa inclinación, enamorado de la almazara y de las bodegas del castillo de Malpica de Tajo, propiedad de la familia desde 1292 y en la que se elaboraban aceites y vino que se vendían a granel.

Recién casado con su primera esposa, Jeannine Girod, se instaló en California, meca del vino en aquella época. Durante el tiempo que vivió allí estuvo estudiando las nuevas tecnologías nada menos que en la Universidad de California en Davis. A su regreso, aplica todo cuanto ha aprendido en las plantaciones de su finca Valdepusa, que comenzaron a ser una realidad con los vinos Marqués de Griñón. Posteriormente puso en marcha la nueva almazara y lanzó al mercado, en 2003, sus primeros aceites de altísima calidad. En ese año se incorpora al negocio su hija Alexandra Falcó como directora comercial.

Cumplía así su sueño de ser «embotellador de aceite de oliva», como le había confesado a su abuelo con solo quince años. A nivel europeo, sus viñedos y sus olivos son sinónimo de vinos y aceites de grandísima calidad y se comercializan hoy en más de cuarenta países. El aceite de oliva virgen extra Oleum ha obtenido 98 puntos sobre 100 en la prestigiosa guía *Flos Oleo*. Y el vino del pago El Marqués de Griñón, más de lo mismo.

De Carlos Falcó puede decirse que es un trabajador incansable, gran conferenciante, excelente escritor, poeta discreto y elegante, tolerante, liberal y mejor persona todavía.

Afortunado en los negocios de vinos y aceites, hay que reconocer que no ha tenido mucha suerte con las mujeres que ha amado o le han amado. Tres esposas ha tenido y ninguna «hasta que la muerte nos separe». La primera fue Jeannine Girod, hija de una rica familia de joyeros suizos, con quien contrajo matrimonio el 6 de diciembre de 1963. El primer hogar del matrimonio fue en el número 27 de la madrileña calle de Almagro. Jeannine era una mujer elegante y muy guapa. Ella y Carlos hacían una pareja estupenda, llamativa, de una planta divina. Aunque, como reconocería Humildad Rodríguez, ama de llaves del marqués, en su primer matrimonio y también en el segundo con Isabel, los cónyuges tenían caracteres muy diferentes. Él siempre todo finura y corrección. «Excesivamente educado —según afirma el ama de llaves—. Jeannine no es que fuera mala, pero tenía un carácter muy fuerte. Era muy brusca. Actuaba como un cañón. Era como un asno dando coces. Lógicamente, con esa diferencia de caracteres tan grande, el matrimonio no podía ir bien. El señor marqués, tanto en aquel primer matrimonio como en el segundo, con Isabel, estaba muy enamorado, aunque en ambos casos se dejó dominar por sus mujeres.»

El divorcio de Carlos y Jeannine fue muy discreto, sin ruido y sin prensa. Puede decirse que terminaron amigablemente, sin peleas ni palabras más altas que otras. Como el piso de la calle de Almagro era un regalo de boda de los señores Girod a su hija, cuando se produjo la separación, Carlos abandonó la casa sin ningún tipo de problemas. Luego abandonaría también Arga 1, cuando rompió con Isabel.

El matrimonio llegó a un acuerdo muy civilizado, y los dos hijos de Carlos y Jeannine, Manuel y Xandra, se quedaron con el padre, al que estaban muy unidos. Lo estuvieron siempre y lo siguen estando. «También nos fuimos con él todo el servicio, la doncella de los niños, la de Carlos y yo», cuenta el ama de llaves. Se trasladaron a vivir a la calle Fortuny, 17, propiedad de los duques de Montellano, padres de Carlos, casualmente en el mismo barrio y a solo unos metros de su anterior hogar.

Hay que dejar claro que la relación de los niños con su madre no se rompió nunca. Al ser una separación tan amistosa, siguieron viéndose. «Incluso una vez Xandra se rompió una pierna esquiando y su madre iba allí, en casa de la señora duquesa, y se estaba toda la tarde con ella», añade el ama de llaves.

Carlos y Jeannine anularon su matrimonio. Y él pasó algún tiempo soltero, dedicado exclusivamente a su trabajo y a sus dos hijos. «Nunca he visto a unos niños con tanto cariño por su padre como Manolo y Xandra», reconoce Humildad, quien guarda de ellos el mejor de los recuerdos. No era para menos. Cuando entró a servir en casa de Carlos y Jeannine, Manolo, el mayor de los hijos, solo tenía 17 meses. Había nacido en 1964. «Xandra tardó en llegar tres años y medio, en 1967, una niña que fue recibida con mucha alegría, hasta el extremo de que el marqués llamó a todo el servicio para que la vieran—. Era una niña preciosa. El carácter lo sacó parecido al de su madre, muy fuerte.» Sin embargo, Humildad congeniaba más con Manolo, que era un niño muy parecido a su padre, con muy buenos modales.

LIBRE Y SIN COMPROMISO

Carlos Falcó se casó con Isabel porque se enamoró locamente de ella, hasta el extremo de romper la relación que mantenía con Sandra Gamazo, hoy marquesa de Belvís y sobrina del desaparecido príncipe Alfonso de Hohenlohe. Humildad dice que el marqués de Griñón, si se hubiera casado con ella, habría sido feliz. A diferencia de Jeannine y de Isabel, a Sandra le gustaban con pasión el campo y los animales, hasta el extremo de ser hoy la presidenta de la Asociación de Amigos de los Animales.

El marqués, después de estar tanto tiempo separado, ya tenía ganas de volver a formar un hogar. Isabel, desde que lo conoció, fue entrando poco a poco en su vida. Después de separarse de Julio, intentó disfrutar todo lo que con él no había podido. Lo cuenta ella con todo detalle a Lourdes Garzón, demostrando con ello que el marqués de Griñón no rompió su matrimonio por Isabel, ni que ella se separó por su amor al marqués. El enamoramiento vino de forma más natural. Se conocieron, se frecuentaron y se enamoraron. Pero, hasta entonces...

Carmen y yo nos reíamos y lo pasábamos bomba [le contó a mi querida amiga Lourdes para *Vanity Fair*]. Viajábamos a todas partes. A París, si había un baile, a cualquier plan divertido en Londres. Teníamos dos amigos en Los Ángeles, el guionista Peter Viertel y el agente y productor Irving Lazar, que organizaban unas fiestas tras la ceremonia de los Óscar. Nos invitaron a Los Ángeles y allí nos fuimos las dos. No te puedes imaginar cómo lo pasábamos. Claro, era agotador. Cenábamos en casa de Gregory Peck, al día siguiente en casa de Kirk Douglas... Nos habían asignado a George Hamilton para que se ocupara de llevarnos de un lado a otro. Recuerdo que, después de Los Ángeles, volábamos a Nueva York. Éramos dos chicas jovencitas con un presupuesto pequeño y guardábamos el dinero para el *shopping*. Volábamos con la tarifa más económica, Apex, peor que tercera clase. ¡No sabes lo que fue cuando salimos de Los Ángeles! ¡Nos mandaron al aeropuerto en limusina y con secretaria, que al hacer el *checking* nos dijo: *I don't understand your tickets! What tickets are these? Is the third class?* («No entiendo vuestros billetes. ¿Qué clase de billetes son estos? ¿Es tercera clase?») Claro, la pobre veía pieles, maletas... A Carmen y a mí nos dio un ataque de risa. Y nos tocó la parte trasera del avión. De verdad íbamos allí como gallinas. Y la boba de Carmen va y tira su Coca-Cola encima de mi hamburguesa. Y le digo: «¡Me has mojado toda la comida!». Ella va y contesta: «¡Ay, lo siento! Vamos a pedir otra». Llamamos a la azafata y nos dijo que no se daban más hamburguesas, que éramos de tercera clase. Al final, Carmen compartió conmigo la mitad de la suya. Cuando tienes 27 años todo es divertido, todo te parece muy bien.

Fue la primera vez que tenía libertad siendo ya mayor. Nunca había vivido así, sola. De repente te encuentras separada, tomando tus decisiones y administrando tu libertad. Cuando una mujer conoce la libertad, ya no hay marcha atrás.

Como se ve con este relato, en la vida de Isabel todavía no estaba el marqués de Griñón. Era una muchacha libre y sin compromiso.

MALPICA Y CASA DE VACAS

Se trata de un precioso pueblo de la provincia de Toledo en la comunidad de Castilla-La Mancha. A modo de anécdota se dice: «Donde Malpica pica, nadie pica». A lo que se suele responder: «Si Malpica también pica, ¿por qué se llama Malpica?».

El municipio se encuentra situado en una llanura a la izquierda del Tajo, cerca de Talavera de la Reina. Perteneciente a la comarca de Torrijos, Malpica ha mantenido siempre, desde 1700, una posición estratégica en el sector vitivinícola. La bodega Pagos Marqués de Griñón, conocida en el mundo entero y propiedad desde 1292 de la familia de Carlos Falcó, es muy próspera hoy día. Se trata de una singular explotación vitivinícola con una superficie de 750 hectáreas. Entre la casa y la bodega, el marqués de Griñón ha plantado un jardín botánico que cuenta con más de 300 especies, principalmente mediterráneas.

La casa-palacio y la bodega se asientan en edificios históricos del siglo XVIII, rodeados de encinas, romero, lentisco y espliego. En este lugar, le confiesa el marqués a Virginia Galvín, de *Vanity Fair*, «he disfrutado grandes momentos y mi vida sin ellos no hubiese sido tan interesante ni fructífera. Es verdad que cuando te separas hay tensiones, pero los años pasan y ahí están mis hijos... Las personas sentimentalmente activas no renunciamos a la felicidad».

En Casa de Vacas, la finca del marqués en Malpica, se conserva la habitación de don Juan Carlos como una estancia luminosa y decorada al estilo rústico. La cama *king size*, por supuesto. Las cortinas de flores. Sobria y acogedora. La amistad con el soberano emérito es grande. No olvidemos que su familia le cedió el magnífico palacio de la Castellana, como un acto de lealtad a la Corona, y allí vivió don Juan Carlos durante su época de estudiante. Esta bellísima casa, como una edificación del siglo XVIII, en cuyos salones cuelgan multitud de trofeos de caza, fotos de los antepasados y un magnífico retrato de Macarrón, todo con un gusto exquisito, tiene una capilla anexa, la capilla que esperaba a Isabel para convertirse en la nueva marquesa de Griñón.

Isabel comenzó a frecuentar a Carlos a raíz de la visita a Safari Park, a la que ya nos hemos referido; a ese encuentro seguirían otros en la finca. Lo cuenta Humildad, que por entonces seguía al servicio de Falcó: «A mí me la presentó el señor un fin de semana en Casa de Vacas, la finca que tiene en Malpica. Cuando llegamos allí había un grupo de amigos, entre los que estaba la señorita Isabel. El señor marqués informó que era la mujer de don Julio Iglesias y que eran una pareja muy enamorada. Durante un año estuvimos yendo casi todos los fines de semana a la finca con los hijos de ella y con los hijos del señor». Humildad cuenta que encontró tan dulce a Isabel que se dijo: «Por una vez va a haber suerte si se casa con ella. Todos estábamos deseando que se casara. Y si encima reconoció que le encantaba el campo, que lo necesitaba; era una garantía de estabilidad».

Carlos se enamoró de tal manera de Isabel que un día, cuando todavía eran novios, ella le llamó cuando estaban cenando. Cogió el teléfono Manolo, que le dijo que no podía molestar a su padre porque era norma de la casa no levantarse de la mesa.

«Me ha reñido mi padre, me ha dicho que por encima de todo está el amor de Isabel, y, si no voy a estar a gusto con ella, me mete interno o que me vaya con mi madre o con mi abuela.»

Fachada de la casa y capilla de la finca del marqués de Griñón, en Malpica, donde se celebró la boda de Isabel con Carlos Falcó.

LA PRIMERA NULIDAD

Cuando Isabel inició su relación con Carlos Falcó era ya una mujer separada judicialmente. Pero, como era y es católica, el marqués decidió pedir la nulidad de su matrimonio eclesiástico con Julio. Pero ¿cómo hacerlo cuando en aquellos años las nulidades se concedían con cuentagotas? Los Tribunales de la Rota eran muy duros de roer. Y el Vaticano, inflexible. ¿Cómo pudo entonces Isabel convertirse de nuevo en mujer soltera en el breve plazo de... siete meses, cuando algunos y algunas tardaban hasta 14 años? Simple y sencillamente porque recurrió a la diócesis de Brooklyn, Nueva York, donde los tribunales eclesiásticos tenían la manga tan ancha, tan ancha, que bastaba un puñado de dólares y todo el cinismo del mundo a la hora de declarar para encontrarse, de nuevo, si no virgen, sí libre y en condiciones de pasar de nuevo por la vicaría.

Se esgrimió al tribunal que cuando contrajeron matrimonio Julio e Isabel no eran conscientes de que aquella unión no se podía romper y que era para toda la vida. Se trataba de una de las razones de las muchas que había para conseguir la anulación. Fue en agosto de 1979, ocho años después de casarse y uno de separarse. «Acudimos con Julio, el abogado Fernando Bernáldez, el padre de Julio, doctor Iglesias, y yo —cuenta Alfredo Fraile—. Por parte de Isabel, ¿quién si no, su amiga Carmen Martínez-Bordiú, la duquesa, que ya había iniciado los pasos para dejar de ser noble, mientras que Isabel estaba a punto de ennoblecerse?»

Su amiga Carmen Martínez-Bordiú también se divorció de su marido Alfonso de Borbón, que lo relata así en sus ya citadas memorias: «Carmen y yo nos habíamos separado de común acuerdo, pero con la intención compartida de pedir la nulidad en Roma. Una vez pronunciado el divorcio, persistí en el procedimiento entablado en el Tribunal de la Santa Rota de Madrid. Este se apoyó en un concepto al que pocas veces había recurrido: el de su no comprensión del acto de matrimonio. Mi esposa no había comprendido el compromiso que contraía respecto a mi misión y a la necesidad de tener hijos. Y me quedé solo con los niños. Su presencia atenuó agradablemente la amargura de la separación que destrozaba mi vida».

A ello se añadió que Carmen, poco capacitada para las cuestiones burocráticas, delegó todos sus poderes a una abogada (Concha Sierra). ¡Qué ganga para esta señora! La abogada, interesada sobre todo en sacar rendimiento económico al asunto y también promocionarse personalmente, alargó todo lo que pudo el proceso: ocho años. Durante todo este tiempo los periódicos se alimentaron sin tregua de las noticias relativas al procedimiento.

¡Qué diferencia entre la separación de una y de otra!

EL «GATOPARDO»

Isabel, al igual que Letizia, lo primero que hizo al llegar a la casa fue prohibir que hubiese perros. A Carlos le gustaban mucho, pero en pro de la felicidad matrimonial renunció a ellos. Como Felipe. Y es que Isabel, como Letizia, mandaba mucho. Lo cuenta Humildad, el ama de llaves que el marqués se llevó a Arga, 1, en El Viso, cuando se casa con Isabel. Humildad, como escribía Antonio Burgos en *ABC*, era algo más que la clásica venganza del ayuda de cámara. Sin quererlo, y quizá sin saberlo, Humildad escribió para este periodista el «Gatopardo» de toda una clase española, quizá hasta de la que por antonomasia es «la clase». ¿Cuántas humildades quedan por las casas buenas de Madrid, de Barcelona, de Sevilla? Pocas, realmente pocas. La tata vieja, la tata que nos vio nacer... ¿Quedan todavía *office*, cuartos de plancha, habitaciones de criados, de los de arriba y de los de abajo?

Pensándolo bien, Humildad escribió en realidad el machadiano fin de una aristocracia como la del marqués de Griñón... Si algo movió a Humildad a contar su experiencia en Arga 1, ha sido un principio básico de «abajo», la fidelidad... Es fantástica la capacidad de Humildad por transmitirnos esos sentimientos. A mí me gustaría tener en casa una Humildad para sentir la certeza de que no se han perdido los principios.

Como cuenta ella: «Nosotros, el personal de servicio, los que vivíamos más abajo del suelo, en el sótano de la casa, sufríamos como cualquier miembro de la familia las desgracias que ocurrían a los que vivían arriba. ¡Qué agradecidos deberían estar tantas y tantos señores a los que vivimos abajo!»

«Si algo ha movido a Humildad a coger la pluma ha sido la fidelidad. Te habla de las otras rosas que le llegaron a la señora el día de los Enamorados y llegas a sentir tanta pena como ella. Es fantástica la capacidad de Humildad para transmitirnos sus sentimientos de fidelidad. Humildad (escribiendo sobre Arga 1) nos ha metido a todos abajo, en la cocina o en el *office* o en el cuarto de la plancha» finalizaba el gran Antonio Burgos su glosa sobre Humildad, el ama de llaves de los marqueses de Griñón.

En Arga 1, Humildad reconoce que prácticamente no salía del sótano, donde estaba su habitación. Pero, aun así, se enteraba de todo lo que les pasaba a los de arriba. O de casi todo.

«Cuando nació Tamara yo lo supe ese mismo día, pero no la conocí hasta quince días después (la niña nació en 1981, en el hospital San Francisco de Asís). Un día, a las siete, me despertó Xandra y me dijo: "¿Sabes que hay una niña en la casa?". Yo sabía que la señora estaba esperando, pero a los quince días me preguntó el señor marqués: "¿Has visto qué monada es Tamara?". "No, aún no la conozco, señor —le dije—, a mí nadie me ha dicho que suba a verla".»

Seguramente Carlos se lo reprochó a Isabel, porque esta llamó al ama de llaves y se disculpó asegurándole que pensaba que ya conocía a la niña.

LA SEGUNDA BODA DE ISABEL

«El 23 de marzo de 1980 (dos años después de que Julio e Isabel decidieran separarse) yo informé al servicio de que tenían que ir a la finca porque iba a haber una gran cena —cuenta Humildad—. Al mismo tiempo dije al personal de Casa de Vacas que mataran algún cordero. A los guardas, que no dejaran entrar a nadie. Todo eso con gran secreto. Hasta última hora no supo nadie que el señor marqués se casaba esa tarde, en la capilla de la finca, que está al lado de la casa, con Isabel. Mientras la novia se vestía en una de las salas de la casa, fueron llegando todos los invitados, unas veinte personas.»

La vida de Isabel Preysler durante los días anteriores a su boda se desarrolló, al menos externamente, de una forma normal y rutinaria, que nada hacía prever lo que iba a ocurrir. Por ello resultó admirable el sigilo con que se llevó el evento, mantenido en secreto por todo el reducido grupo de amigos de los novios, que participaron de una forma u otra en la boda.

Al igual que el doctor Iglesias no sabía nada sobre la boda de su ex nuera, también lo ignoraba, hasta después de celebrada, el que fuera su primer esposo, Julio Iglesias, con el que, según se pudo saber, había hablado Isabel ocho días antes, cuando el artista se encontraba en su casa de Miami en compañía de sus padres y de su hermano Carlos. Durante aquella conversación telefónica Isabel no le dijo nada a Julio. Solo hablaron de la fecha en la que los tres hijos nacidos en el matrimonio habían de viajar a Estados Unidos para pasar una temporada con su padre.

El día 18, que era martes, Isabel Preysler llamó al abogado de Julio, al señor Bernáldez, para informarle de que todavía no había recibido la asignación que Julio entregaba todos los meses para los gastos de sus hijos. La razón de este retraso se debía a que tanto el padre de Julio como su hermano Carlos se encontraban pasando una temporada en Miami con él y no habían podido hacerle entrega del dinero. El mismo martes, fecha de la llegada del doctor Iglesias a Madrid, Isabel recibió el dinero y no dijo nada de la boda.

El 23 de marzo de 1980, Isabel contrae matrimonio (el segundo) con Carlos Falcó, marqués de Griñón, en la capilla de la finca de Malpica. En esta foto, los vemos con el sacerdote don Manuel Saiz Pardo.

Al día siguiente, miércoles, Isabel se encontró en el garaje de la casa con el padre de Julio, el doctor Iglesias, que también dejaba allí su coche, y tampoco comentó nada de sus planes. El sábado, víspera de la fecha fijada para la boda, Isabel salió a las tres de la tarde de la casa en compañía de su hija Chábeli y, cuando ya estaba en el coche, la niña llamó la atención a su madre: «¡Mamá, mira, mira, el abuelo!». Y se saludaron diciéndose adiós.

Posiblemente aquella noche, víspera de la boda, Isabel durmió en su casa. Lo podemos afirmar por estos dos detalles: primero, Isabel llamó al abogado de Julio, el señor Bernáldez, y, al no encontrarle en casa, le dejó el recado a su esposa para que le llamara esa noche o en la mañana del domingo, aunque no muy temprano, porque a ella no le gusta madrugar. Segundo, el coche con el que había salido con su hija estuvo toda la noche en el garaje, hasta que el domingo, bien entrada la mañana, vino el chófer del marqués a recogerlo. Isabel posiblemente se marchó con Griñón ya que, cuando el abogado, el señor Bernáldez, llamó en la mañana del domingo, no había nadie en casa.

Según la duquesa de Arión, sobrina de la duquesa de Montellano, madre de Carlos, se tomaron todas las precauciones para eludir a la prensa y garantizar así que la ceremonia se celebrara en la mayor intimidad. Incluso la propia Isabel no entró en la finca de Malpica por la entrada habitual y lo hizo por otro acceso en previsión de que en la entrada hubiese reporteros apostados.

Los invitados reunidos en la tarde del domingo en la pequeña capilla de la finca sumaban un total de 24 personas, entre los que se encontraban, como es natural, la madre de Isabel, llegada expresamente de Filipinas; el marqués de Cubas, hermano del novio; la duquesa de Arión, que dada su gran afición a la fotografía fue la encargada de realizar el reportaje; el marido de esta; la duquesa de Montellano, era la madre del novio; su hermana, la condesa de Berantevilla, que actuó de madrina; los señores Gil de Biedma; Zulueta y Pérez Rubio, que actuaron de testigos de la novia; y los tres hijos de Julio e Isabel, que iban a presenciar la boda de su madre con el «tío Carlos», así como los dos hijos de Carlos, Xandra y Manolo. Actuó de padrino un amigo de la familia de Isabel. Sorprendió que no estuviera presente en el enlace Carmen Martínez-Bordiú, tan amiga como era o había sido de Isabel.

Tras la ceremonia, oficiada por el párroco de Malpica, don Manuel Sáiz Pardo, se sirvió la cena en la propia finca. Consistió el menú de langostinos con mahonesa y todo tipo de ensaladas, luego los corderos que se habían matado en la finca y una tarta de bodas que había traído de Embassy la duquesa de Montellano, madre del novio.

Fernando Cubas, el hermano de Carlos, había contratado a Los del Río para amenizar la velada que había convertido a Isabel en flamante marquesa de Griñón. Para una ocasión tal espe-

El matrimonio, feliz después de su boda.

cial la novia vistió una creación del modisto Jorge Gonsalves. Fue realizado en crêpe georgette salmón claro de lorzas que se intercalaban con encajes de *valencienne* teñidos al tono. Como no podía ser de otra manera, la novia estaba guapísima.

PALOMA BLANCA

Mientras Isabel Preysler pronunciaba el segundo «sí» de su vida ante el altar en una pequeña capilla de una finca toledana, a miles de kilómetros, en medio del paisaje paradisíaco de las Bahamas, Julio Iglesias, el que fuera su marido y el padre de sus hijos, grababa una canción en inglés con el título de *Paloma blanca*.

La noticia de la boda de Isabel Preysler y Carlos Falcó, marqués de Griñón, era ya de dominio público a pesar de los esfuerzos de los novios y familiares por mantener el acontecimiento dentro de los lógicos límites de la intimidad. Pero la popularidad tiene estos tributos que había que pagar, aunque en el caso de Isabel ella deseaba ser solo la marquesa de Griñón. Lo que ocurría es que, como es natural, durante algún tiempo perduraría el recuerdo de su primer matrimonio con Julio Iglesias. En el caso de Julito, la servidumbre de su fama mundial y el tributo que habría de pagar sería como un manantial que no cesaba. Partiendo de esta premisa llamé a Julio, y consciente de esa servidumbre de la popularidad y de la amistad que nos unía, respondió así a mis preguntas, con la voz y la conciencia todavía aletargada por un sueño interrumpido.

—¿Conoces la noticia?

—¿Te refieres a la boda de Isabel? —me preguntó a su vez—: Ya lo sabía.

—¿Cuándo te enteraste?

—Me lo dijeron ayer, exactamente a las seis de la tarde.

—¿Quién te informó?

—Mi representante y amigo, Alfredo Fraile.

—¿Qué impresión te produjo la noticia?

—Bueno... Yo ya lo sabía..., yo ya sabía que Isabel iba a casarse.

—Pero ¿esperabas que fuera tan pronto?

—...

—Tengo entendido que ocho días antes de la boda hablaste con Isabel desde Miami...

—Sí, es cierto.

—Y, estando tan próxima la fecha de la boda, ¿no te dijo nada?

—No..., no me dijo nada... Es más, recuerdo que yo le pregunté: «¿Cuándo te casas?». Y me respondió: «Muy pronto, muy pronto».

—¿De qué hablasteis entonces?

—Bueno... de los niños, por supuesto..., de la fecha en que viajarían a Miami para pasar unas semanas conmigo.

—¿Que pueden coincidir, después de lo que ha ocurrido, con los días que utilice Isabel para su viaje de novios?

—¿...?

—¿Qué significa la boda de Isabel para tu vida?

—Nada... Después de la anulación de nuestro matrimonio, se estableció una absoluta independencia entre Isabel y yo... Solo queda la unión que pueda existir por ser la madre de mis hijos...

—¿Y para la vida de ella?

—Ella ha utilizado su libertad como ha querido.

—Y para los niños, para vuestros hijos, ¿qué ha significado la boda de su madre?

— Yo sigo siendo absolutamente el padre de mis tres hijos.

—¿Tú sabes que los tres hijos asistieron a la boda de su madre?

—No, no tenía ni idea. Pero me parece bien. Se trataba de un acontecimiento muy importante en la vida de su madre e hicieron bien en acompañarla.

—¿Piensas que esta boda y la presencia de los niños en la ceremonia les puede crear algún trauma?

—No tiene por qué...

—¿Has felicitado a Isabel?

—No, no tengo ni idea de dónde puede estar.

—¿Cambiará de ahora en adelante tu vida?

—En absoluto. Mi vida desde hace algún tiempo es una vida dedicada al trabajo. Ahora me siento muy feliz porque dentro de unos días me reuniré con mis hijos.

—¿En lo más profundo de tu ser ha sido algo triste el conocer la noticia?

—No, ha sido un día más. Yo tengo ya desde hace tiempo mi vida muy bien orientada y nada me quita el sueño.

—¿Qué hiciste ese día cuando conociste la noticia?

—Estaba grabando y seguí grabando.

—¿Cómo se llamaba la canción?

—*Paloma blanca.*

EL VISO, CALLE ARGA NÚMERO 1

Tras la separación de Julio, Isabel siguió viviendo en San Francisco de Sales, hasta que lo vendió y cambió de casa. Eligió entonces para vivir El Viso, uno de los barrios residenciales más exclusivos del Madrid de entonces. Buscaba una zona céntrica y tranquila, y El Viso representaba el paraíso para quien anhelaba el lujo, pero sin sacrificar su lado más urbanita. Adquirió el chalé con el dinero que obtuvo por la venta del piso de San Francisco de Sales (unos cuarenta millones de pesetas de aquel entonces), más lo que sacó del chalecito de Málaga, que Julio le dejó al separarse.

El Viso es una zona de kilómetro y medio de superficie que contaba entonces con 7.399 viviendas, chalés y palacetes. Esta milla del ladrillo de oro linda al norte con la calle Concha Espina; al sur, con la de María de Molina; al oeste, con el paseo de la Castellana y paseo de la Habana. Se la bautizó con ese nombre por las vistas a la sierra de Guadarrama, privilegio que con el tiempo y las edificaciones se fue perdiendo por completo. De todas formas, El Viso representaba un pequeño oasis residencial donde solo unos elegidos podían permitirse vivir. Y es que el metro cuadrado en la zona superaba los 15.000 equivalentes ahora en euros. Esta prestigiosa zona residencial nació de manos del arquitecto Rafael Bergamín, hermano del escritor, en los años treinta del siglo pasado. En la época en la que Isabel fija su residencia vivían 16.500 personas, todas ellas de un alto *standing*.

En esta emblemática colonia vivieron importantes intelectuales y políticos, como Ortega y Gasset, Rafael Sánchez Mazas, Salvador de Madariaga y Miguel Boyer (que ya es coincidencia) con su anterior esposa, la fallecida ginecóloga Elena Arnedo. Vecinos ilustres del lugar son el jugador de fútbol Xabi Alonso y su esposa, la donostiarra Nagore Aramburu Izaguirre o Florentino Pérez, quien posee en la zona un casón de tres plantas más ático.

En El Viso, Kiril de Bulgaria y Rosario Nadal se construyeron una casa en la calle Carbonero y Sol, de 700 metros cuadrados y tres plantas. Pero se divorciaron antes de llegar a habitarla. Esta casa se hizo famosa porque en ella «despachaba» y tenía reuniones Francisco Nicolás Gómez Iglesias, más conocido como el «pequeño Nicolás».

En 2008, Ana Aznar y su marido, Alejandro Agag, adquirieron una vivienda unifamiliar por dos millones y medio de euros.

Igualmente, en El Viso residió, concretamente en la calle Luis Muriel, número 10, Isabel Sartorius, el primer gran amor de Felipe VI. Y ahí vivía con su hermano Luis y su hermana Cecilia. Los reporteros descubrieron al hoy monarca saliendo, como cualquier enamorado, de la casa de su amada en las madrugadas entre 1988 y 1992.

Durante una época se veía pasear por sus tranquilas calles a la infanta Elena y a Jaime de Marichalar, cuando acudían a recoger a sus hijos Felipe Juan Froilán y Victoria Federica, en el colegio San Patricio. También en El Viso se encuentran prestigiosos colegios como el Colegio Estilo y otros exclusivos centros docentes.

El chalé de Isabel, en la calle Arga, constaba de tres plantas: semisótano, bajo y planta alta, donde se ubicaban los dormitorios. El edificio contaba con un vestíbulo, hall, salón, salita de estar, despacho, *office*, 5 dormitorios, 2 baños, cocina y demás habitaciones de servicio. El chalé de la calle Arga fue adquirido por Isabel Preysler, ya casada con el marqués de Griñón, en régimen de separación absoluta de bienes, por lo que no hubo problemas a la hora del divorcio. Tampoco los hubo con Julio. Así mismo lo expresaba Isabel: «No creo que ninguno de mis ex maridos me odie. Pero, además, no solo les tengo cariño, sino que les agradezco todo lo bueno que me han dado. Siempre que me he separado, he seguido en mis casas, que han sido mías. Cuando me casé con Miguel, él fue quien vino a mi hogar en El Viso. Luego, yo fui quien compró la casa de Puerta de Hierro, en la que vivo».

Carlos e Isabel en los años felices de su matrimonio: del 23 de marzo de 1980 al 14 de julio de 1985.

TAMARA

El 20 de noviembre de 1981, a las siete de la mañana, Isabel, que había ingresado a las seis de la madrugada, daba a luz en el madrileño sanatorio de San Francisco de Asís a una hermosa niña de tres kilos y cien gramos, morena de pelo y muy blanca de piel. Venía al mundo bajo el signo de Escorpio que, como es sabido, es uno de los mejores del zodíaco.

Presente en el parto, Carlos Falcó, padre de la criatura, y la madre de Isabel. «Ha sido una gran experiencia. Asistir al nacimiento de mi hija ha sido algo que nunca olvidaré. Creo que me he acercado más, si cabe, a Isabel y a la niña», declaraba el marqués de Griñón.

Entre los ramos de flores que llenaban la antesala, había uno especialmente grande de varias decenas de flores rojas. Las había enviado Julio Iglesias con un mensaje muy cariñoso.

Para el nombre de la niña se eligió el de Tamara. El marqués de Griñón explicó que ese nombre procedía de Tamar, esposa de Judá, nuera de Jacob, bisabuela de la Virgen y tatarabuela de Jesucristo. El nacimiento de Tamara significaba algo muy especial en el matrimonio. Se trataba de un importante nexo de unión entre los hijos de los dos cónyuges: tres por parte de Isabel, dos por la de Carlos. Tamara, fruto del amor de los dos.

Como anécdota: a la misma hora en que Isabel abandonaba

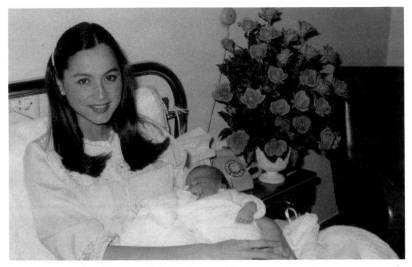

El 20 de noviembre de 1981, Isabel dio a luz a su hija Tamara, con quien aparece posando para *¡Hola!*

la clínica donde había dado a luz a Tamara, su ex marido, Julio Iglesias, ingresaba en la habitación 619 del sanatorio Nuestra Señora de la Luz para someterse a unas pruebas radiológicas, aquejado de fuertes dolores de cabeza. Había llegado a Madrid poco antes, procedente de Roma.

Después de nacer Tamara, toda la familia se marchó a Suiza a pasar las vacaciones de invierno. Y sucedió lo que siempre sucede cuando la pareja tiene hijos de otros matrimonios: en este caso Isabel, los tres hijos que había tenido con Julio; y Carlos, los dos, fruto de su unión con Jeannine.

Aunque Manolo y Xandra, los hijos del marqués, eran unos chicos muy educados y aleccionados por su padre, que les dijo que siempre dieran ejemplo de comportamiento, Isabel no acababa de adaptarse a ellos. Pero es que tampoco los hijos de Isabel acababan de llevarse bien con los de Carlos.

Humildad cuenta que un día, después de cenar, Chábeli le dijo a Xandra, su hermanastra:

—Vamos a subir a estar con mamá y con tu padre.

—Sube tú, si quieres. ¿Para qué voy a subir yo, si tu madre siempre está contigo diciéndote: "Siéntate aquí, mi reina, mi amor"? Cuando voy yo no hace más que decir: "No te sientes así, Xandra".

Los niños no solo son sensibles, sino susceptibles, y por cualquier cosa sienten pelusa. Los de Isabel y los de Carlos no eran diferentes.

A estas desavenencias, que seguro no favorecieron la unidad en el matrimonio, hay que añadir que Isabel ha sido siempre y sigue siendo una mujer urbanita. El campo no va con ella, aunque los primeros años de matrimonio con Carlos Falcó intentó adaptarse y compartir con su marido la finca Casa de Vacas. Juan Luis Galiacho cuenta en su documentadísimo libro *Isabel y Miguel* que Isabel sabía ser una perfecta anfitriona de la flor y nata de la sociedad que acudía a las cacerías. «Siempre ataviada con el clásico atuendo de *loden* austríaco verde pardo, o a veces con un corpiño campero y medias rosas como vestida de pastorcilla, en una identificación plena con el mundo bucólico que la envolvía.» También acompañaba a su marido a algunas cacerías, a las que acudía el rey don Juan Carlos.

Humildad contaba que, pasado el tiempo, Isabel empezó a cambiar. El campo ya no le divertía, la vida allí no era lo que ella anhelaba. Según el historiador José Luis Vila-San-Juan, y también Assumpta Roura, Isabel comenzó a advertir síntomas de que se había casado más por la necesidad de sentirse protegida que por auténtico amor. Y aunque en un principio creyó estar enamorada de aquel hombre que le había ayudado a forjarse su verdadera manera de ser, a reforzar su personalidad y su estatus, pronto comenzó a sentirse de nuevo insatisfecha, sin que hubiera nada criticable en el comportamiento de ninguno de los dos. ¡Ay los estragos que causan la convivencia y la rutina en un matrimonio!

A principios de 1983 empezaron a surgir rumores de crisis. Aprovechando estos rumores, toda la familia al completo decidió reunirse en la finca Casa de Vacas. Estaba bien claro que lo que deseaban, por encima de todo, era mostrar ante todos y en el *¡Hola!* «su momento actual», su felicidad completa. Salir al paso de los rumores que insistentemente habían derramado sus dudas sobre la estabilidad de la pareja en los mentideros de Madrid.

Isabel estaba más bella que nunca. Quizá de todo el grupo de los ocho de la familia, la que acudió a la cita vestida de forma más informal fue ella, consciente de que iba a ser la más retratada. La foto familiar era realmente brillante y nada frecuente. Carlos Falcó, marqués de Griñón, recibía a los periodistas de la revista *¡Hola!* con aparente simpatía, vestido de campo, con zahones, ropa de montar y semblante tranquilo. Los hijos del matrimonio Julio-Isabel se mostraban eufóricos, saltando y corriendo por el césped de la finca. Los vástagos del anterior matrimonio de Carlos, más mayores, parecían también vivir un fin de semana inolvidable, y, por encima de todos ellos, las más cariñosas miradas se dirigían a Tamara, la hija de Carlos e Isabel, el pequeño «bibelot» de la casa, la más acariciada por su padre y la más sostenida en brazos por su madre.

En un día bueno de sol, buen paisaje, comida sana y ganas de responder a un puñado de preguntas que estaban en el aire, transcurrió la entrevista de *¡Hola!*

Carlos Falcó, felicísimo padre con su hija Tamara.

—El rumor decía, Isabel, que había tormenta en su matrimonio, que había indicios de separación, que...

Enérgica, Isabel endureció por un momento su sonrisa oriental.

—Solo puedo decir que eso no es verdad. Es un rumor que carece de fundamento.

—¿Qué piensa entonces de las personas que lo han lanzado?

—Pienso que las personas que lanzan este tipo de rumores no se imaginan el daño tan grande que hacen o pueden hacer. También pienso que solo una persona amargada es incapaz de hacer periodismo, y solo dedicarse al cotilleo destructivo.

—Isabel, ¿Julio te ha llamado últimamente y ha comentado contigo algo de este rumor de la calle?

—Hablé con Julio hace un par de semanas. No me preguntó nada sobre el particular y, por lo tanto, ni salió a relucir el tema.

—Sin embargo, Isabel, pienso que pudo preocuparte mucho lo que tu marido Carlos pensara.

Isabel lo miró despacio.

—Era lo que más me importaba de verdad.

Por un momento salió de la entrevista el marqués de Griñón. Los niños jugaban fuera y se escuchaban sus voces. Caballos, bicicletas, la casona blanca, clásica, llena de alegría este fin de semana. Los niños jugaban en dos grupos, como es natural, según su edad.

—¿Y el marqués de Griñón te preguntó?

—Ni siquiera comentamos esta historia. No merecía la pena.

—Es indudable de todas formas que el marqués de Griñón tiene una enorme confianza depositada en ti, ¿no es verdad?

—Lo es. Pero debo decir que somos dos personas libres, completa y absolutamente libres, y que nuestra relación no está basada en permisos ni agradecimientos.

Entró de nuevo Carlos Falcó en la escena; traía una gorra de cuadros y la pequeña en brazos.

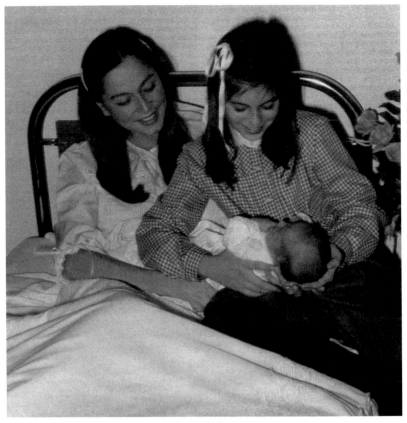

Preciosa imagen de Isabel con sus hijas Chábeli y Tamara.

—Carlos, ¿está arrepentido de haberse casado con Isabel?

Entonces, él fue quien miró despacio hacia su esposa Isabel para contestar tranquilo, muy tranquilo:

—No solo no estoy arrepentido, sino que sin ningún género de duda es lo mejor que me ha pasado en toda mi vida.

Lo pronunció deletreando todas y cada una de las palabras, para que se supiera de una vez por todas. Había que volver a la pregunta. Isabel la estaba esperando. Volvió a sonreír misteriosamente cuando se le dijo:

—Isabel, y tú, ¿te has arrepentido de haberte casado con Carlos?

—¡Cómo me voy a arrepentir de algo que solo me ha proporcionado felicidad, y sobre todo a Tamara!

Otra vez esa niña vestida de blanco volvió a ser la protagonista. Isabel quiso dar las gracias:

—Sí, quiero decir que la gente a nuestro alrededor, nuestra gente, a la que consideramos amigos, se ha portado muy bien con nosotros en estos días. A mí, personalmente, puedo decir que me ha ayudado mucha gente que sé que nos quiere y que nos tiene cariño. Y en momentos así es cuando te das cuenta de tus buenos amigos. Debo ser sincera otra vez: la verdad es que tengo muchos amigos que se han portado conmigo y con nosotros dos maravillosamente.

Y todos se volvieron al campo, bajo los altos árboles secos del invierno, como si hubiera estallado de nuevo la primavera del amor entre ellos. Más aún, como si no se hubiera ido nunca, algo que estaba por ver.

MÁS RUMORES DE CRISIS

Como aquella reunión familiar en el campo no fue suficiente para acallar los rumores, Carlos e Isabel decidieron salir al paso con unas declaraciones más personales y concedieron una entrevista en exclusiva que apareció publicada el 19 de febrero de 1983 en la revista *¡Hola!*, de la que yo era redactor jefe, firmada por el redactor Santi Arriazu:

> Todo es una falsedad y por tanto una calumnia. Así pues, lo único que procede por nuestra parte es negar rotundamente que exista la más mínima base para que haya podido circular tan insidioso bulo. Estamos muy afectados, pero tan unidos como siempre. Nos ha disgustado profundamente lo sucedido, pero en ningún momento nos ha preocupado excesivamente, pues consideramos que la verdad, en una sociedad libre, siempre acaba por imponerse y prevalecer. Ha sido auténticamente ignominioso y calumnioso que se haya escrito que íbamos a divorciarnos. Es una vileza. Ya hemos encargado a nuestros abogados un estudio de lo que al respecto ha aparecido publicado en determinados periódicos, por si procediese haber una acción judicial.

Los marqueses de Griñón recibieron en su domicilio madrileño a la revista *¡Hola!* Parecían, en efecto, consternados, pero dieron muestras de una gran serenidad y de estar en todo momento muy unidos sentimentalmente. Con sinceridad, y en no pocos momentos con fino sentido del humor, respondieron a las preguntas que les formuló el periodista y el motivo que las originó.

—¿Saben ustedes por qué surgieron estos rumores de los que han sido víctimas? ¿Existe alguna causa que los haya podido motivar?

—Desde nuestro punto de vista es muy difícil, por no decir imposible, encontrar explicación a ese rumor. Podríamos buscarla, pero la verdad es que no hallamos ninguna válida —responde Carlos Falcó, para, a continuación, hacer un comentario no exento de sarcasmo—: Nos estamos empezando a preocupar. Deberíamos tener alguna auténtica crisis para alimentar los rumores que circulan... Creemos, en efecto, que se trata de una falacia muy parecida y de tan mal gusto como otras. Detrás de un bulo siempre hay alguien que se encarga de lanzarlo y propagarlo. Eso es evidente. Y en cuanto a la rapidez de difusión de los bulos en este país, es como un rastrojo en verano cuando se incendia, por poner un ejemplo agrícola, que es el mundo al que yo pertenezco —apuntaba Carlos Falcó.

—¿Cómo han reaccionado ante lo que ha aparecido publicado al respecto en determinados periódicos?

—Como he dicho al principio, hemos reaccionado con indignación y nos hemos llevado un serio disgusto. Pero seguros de que la verdad iba a resplandecer, sobre todo teniendo la fortuna, como tenemos, de contar con muchos amigos dispuestos a apoyarnos. No obstante, como cualquier dificultad compartida, lo que ha hecho ha sido unirnos un poquito más, si cabe. Todo lo que sean problemas une más a las personas que se quieren, como en nuestro caso.

—Isabel, ¿ha notado la sensación de estar acorralada?

Los marqueses de Griñón y toda la familia: los tres hijos de Julio, Tamara y los dos hijos de Carlos y Jeannine Girod, posan en la finca de Malpica, Toledo.

—En algunos momentos, sí. Y ahora, ante lo ocurrido, más que nunca. Reconozco que me he sentido acorralada.

—¿Se han sentido tentados de marcharse ante el acoso de que han sido objeto?

—¿Irnos de España?

—Sí.

—¡Hombre, no!

—Un viaje de descanso —arguye Isabel.

—Pero marcharnos a vivir fuera del país, no, en modo alguno —tercia Carlos—. Los dos somos muy serenos y nos tomamos las circunstancias, aunque sean adversas, con bastante filosofía. Lo que más nos ha dolido de todo el tema es el comentario de alguna persona que considerábamos amiga nuestra. Porque, cuando los comentarios surgen de personas desconocidas o a las que no has dado tu confianza, sus palabras no hieren, pero, cuando se trata de alguien con quien te unían lazos de amistad y alimenta un bulo tan dañino, eso duele profundamente.

—A mí me han dolido tremendamente las injusticias —dice Isabel.

—Pero no ofende quien quiere, sino quien puede —replica Carlos—. Lo que sentimos, como ya he anunciado anteriormente, es una honda indignación. Y en este sentido para manifestarnos su solidaridad ante nuestro natural y lógico enojo hemos recibido numerosas llamadas telefónicas de gente que verdaderamente nos aprecia.

—¿Cuándo llegó a sus oídos el rumor de su pretendida crisis matrimonial, por razones que, aunque aireadas y, por tanto, conocidas, no vamos aquí a detallar?

—Lo cierto es que ignorábamos la existencia de tal rumor hasta que lo leímos en un diario de Madrid, en el que, si bien no se mencionaban nuestros nombres, la alusión era descarada y dolorosamente clara. Pero no, no sabíamos absolutamente nada de ese rumor con anterioridad, si bien posteriormente nos enteramos de que ya circulaba —aduce Carlos.

—Casi siempre ocurre lo mismo, que los interesados son los últimos en enterarse de lo que se murmura sobre ellos. Nunca pensamos que la gente o alguien en particular fuera capaz de cometer tamaña difamación —agrega Isabel.

—¿Cuál fue su inmediata reacción al tener noticias del rumor y comprender el alcance del mismo?

—La nuestra, como la de nuestros verdaderos amigos, fue de absoluta y total indignación. Pero, al mismo tiempo, agradecimos la reacción que ante lo sucedido tuvieron las revistas serias que recogieron nuestras palabras sin dejarse influenciar por insidiosos comentarios ajenos, así como la mayor parte de la prensa diaria, que ha guardado un prudente silencio. En ambos casos, estamos profundamente agradecidos.

—¿Quién de los dos ha sufrido más ante la campaña desatada contra su estabilidad y fidelidad conyugal?

—Seguramente yo, pues he sido la más insultada y a la que más se ha ofendido —declara Isabel.

—Es normal, dado que en los artículos que a título de libelo se han publicado, Isabel, sin duda, era la más atacada... Aunque obviamente a mí también me dejaban en muy mal lugar —observa Carlos Falcó—. Por otra parte, todo lo que le afecte a Isabel a mí me afecta exactamente igual. Exactamente igual. Cuando existe una relación muy fuerte entre dos personas, como es nuestro caso, se sienten plenamente identificadas en las alegrías y en las tristezas.

—¿Piensan que tienen enemigos capaces de cometer contra ustedes tan graves declaraciones?

—Jamás creí que pudiera tener tantos, y por lo menos tan dañinos —se duele Isabel.

—Yo no usaría la palabra «enemigos», creo simplemente que

hay algunos presuntos periodistas carentes de escrúpulos y de ética profesional —rubrica el marqués de Griñón—. El hecho de que, a nuestro pesar, pues yo no soy un personaje público e Isabel solo pudo serlo indirectamente por su anterior matrimonio, salgamos frecuentemente en la prensa, de alguna manera puede crear en determinadas personas un sentimiento de frustración. Eso, quizá, es lo que haya podido originar una reacción negativa hacia nosotros. Pienso que, si esas personas nos conocieran realmente tal y como somos, cambiarían de criterio y de actitud.

—Hay un periodista en particular que parece tenerme odio, pues nadie escribiría lo que él ha escrito si no le dirigiera la pluma ese sentimiento —apostilla Isabel—. Yo tuve cierto problema con él hace muchos años en París, cuando estaba recién casada con Julio. Entonces era muy joven e impulsiva. Creí que no me guardaba rencor. Además de eso, creo que ese señor no ha sabido aceptar el cambio político en España y ha querido meterse conmigo. Hay que odiar mucho a una persona para publicar un bulo tan calumnioso.

—En el tratamiento informativo de un rumor, máxime tan infundado como este y que tanto puede dañar a una familia, hay que ser muy cuidadoso —apostrofa Carlos.

—Es una cobardía —matiza Isabel.

—¿Se han enterado sus hijos de lo sucedido? ¿Les ha ocasionado algún problema en el colegio o con sus amigos?

—Que yo sepa, no —dice Carlos.

—Gracias a Dios, no —asegura Isabel—. Yo tengo tal relación con mis hijos que me cuentan absolutamente todo. Los niños son todavía muy pequeños y no están en edad de leer determinadas revistas ni periódicos.

—A mis hijos, que son mayores, les he notado estos días un poco más cariñosos que de costumbre —prosigue Carlos—. Bien es cierto que eso puede ser una interpretación mía por estar más necesitados de afecto.

—¿También han estado más necesitados de afecto fuera del ámbito familiar?

—En esta casa es muy difícil que entren las tristezas desde fuera, porque aquí siempre reina la alegría y está vacunada contra las penas —asegura Carlos—. Tenemos unos hijos tremendamente alegres y, cuando se cierra esa puerta, esto se convierte en un planeta que nada tiene que ver, afortunadamente, con lo que ocurre en el exterior.

—¿Son en circunstancias como estas cuando se aprende a conocer al verdadero amigo?

—¡Por supuesto! —exclama Isabel.

—Al principio decía que la verdad siempre acaba imponiéndose. Pero también es cierto que para que eso ocurra con rapidez y eficacia hay que contar con la ayuda de los amigos —señala Carlos.

—Hay un proverbio que reza «cuando el río suena, agua lleva». Sin embargo, también existe el de «no hay regla sin excepción». No obstante, quizá en este caso se haya pretendido sacar partido a la sentencia popular de «difama, que algo queda». ¿Es posible que se haya deteriorado en parte su armonía conyugal a causa de estos rumores que tanto les han afectado?

—Eso depende mucho de la relación que tengan las personas afectadas. Si esa relación es profunda y sólida, las crisis solo pueden venir desde dentro. Nunca desde fuera. No hay duda de que una situación como esta puede crear cierta tensión, o, mejor dicho, favorecer las tensiones que pudieran existir en un matrimonio o en una pareja. Pero, afortunadamente, no es nuestro caso —matiza Carlos.

—El caudal de ese rumor se propaga, asimismo, a propósito

de un grave revés económico del marqués de Griñón, de quien se dice que está arruinado. ¿Qué hay de cierto?

—En todo el país hay una psicosis de ruina, de quiebra, y realmente existe una crisis económica muy profunda que nos afecta a todos. Pero, en mi caso particular, tengo que decir que ni estoy arruinado ni tengo intención de arruinarme. Y diría, en cambio, que las fortunas que provienen de la tierra aguantan generalmente mejor las crisis que las otras. Basta ojear la historia para comprobarlo.

—Rizando el rizo, se dice que su precaria situación económica se debe en parte al hecho de estar casado con una señora que gasta mucho dinero...

—Desgraciadamente esa es la fama que tengo —se duele Isabel.

—Debo decir que me preocupan mucho más los intereses de los créditos que lo que pueda gastar Isabel —arguye Carlos—. No obstante, considero que esa opinión es muy injusta. Por el contrario, Isabel es una mujer a la que yo tacho a veces de agarrada. Mira cada peseta y hace las cuentas día a día, hasta el céntimo. Esa sensación que pueda dar de gastar mucho porque vista bien y la elijan la mujer más elegante es totalmente equivocada. Nunca le pregunto a Isabel cuánto le cuesta tal o cual prenda de vestir. Pero, cuando alguna vez he visto las cuentas, me he quedado sorprendido, gratamente sorprendido, pues sabe encontrar prendas increíblemente por debajo del precio de lo que deben de costar. Es una gran administradora de la casa.

—Menos mal que alguien... —comenta Isabel.

—Voy a tenerla que poner al frente de mis negocios —añade desenfadada y afectuosamente el marqués de Griñón mirando a su esposa.

—¿Creen que morirá el bulo al publicarse estas declaraciones?

—Confiemos en que así suceda. Vuelvo a insistir en mi teoría de que la verdad siempre resplandecerá, sobre todo ayudada por los amigos. Puede que un bulo de este calibre tarde en morir días, semanas o meses. Pero morirá. Y lo que es seguro es que nosotros no nos volveremos a preocupar por este tema.

—Isabel, ¿estás enamorada de Carlos?

— Sí, claro.

—Carlos, ¿estás enamorado de Isabel?

—Sí.

DOS MUJERES EN LA HISTORIA DE LA CRISIS DE ISABEL Y CARLOS: MONA JIMÉNEZ Y PETRA MATEOS

En el mes de julio de 1985, en los mentideros de Madrid, circula el rumor de que Isabel ha podido influir en la decisión de Miguel Boyer para abandonar el gobierno.

Isabel declara a *¡Hola!*:

«Es absolutamente frívolo y ridículo. Nadie medianamente inteligente puede creer una cosa así. Y, por supuesto, el hecho de que yo conozca a Miguel Boyer aseguro que no ha tenido nada que ver con su decisión, muy personal, de abandonar el gabinete. Algunas personas se empeñan en relacionarme con hechos y situaciones políticas, que debo decir que ni me importan, ni me afectan, ni quiero, en realidad, tener nada que ver con ellos. Pienso que es ridículo que algunas personas se dediquen a asegurar, a afirmar o pensar estas cosas». *¡Hola!*, del 20 de julio de 1985.

Pero lo cierto es que Isabel, cuando conoció a Miguel en las «lentejas» de Mona Jiménez, se sintió atraída por aquel hombre «atractivo, enigmático, admirado, con un sentido del humor muy fino».

El historiador Vila-San-Juan escribe que Isabel, con «su radiante madurez —tenía solo 31 años— señoreaba en aquellas reuniones, y su actitud coqueta salía a flote como algo que no quería dominar. Como siempre, dejó que su personalidad aflorara a su exterior. Esa es la forma de vivir conforme a sus instintos».

A aquellas «lentejas» acuden personas tan importantes entonces como Mario Conde, Juan Abelló, el duque de Cádiz, Ramón Mendoza —entonces compañero sentimental de Jeannine Girod, ex mujer del marqués de Griñón—, Antonio Garrigues Walker, Luis Solana, el marqués de Cubas —hermano de Carlos Falcó—, Matías Cortés, Juan Manuel Sainz de Vicuña —quien introdujo a Isabel en los ambientes sociales madrileños cuando llegó procedente de Manila en el año 1970—, y... Miguel Boyer, uno de los hombres más importantes y con más poder de la España de entonces.

—En todas partes cuecen habas. Menos en casa de Mona Jiménez. *Chez* Mona solo se guisan lentejas. Y jamás hubo un pleito en mi mesa, ni una sola discusión» —dice ella en conversación telefónica con Martín Bianchi, periodista de *ABC*, desde su Lima natal donde actualmente reside—. He reunido en el mismo salón a políticos de izquierdas, de centro y de derechas. Y siempre hemos tenido la fiesta en paz. El único mérito que me reconozco era haber unido perros, pericotes y gatos —añadió refiriéndose a sus legendarias lentejas, aquellos interminables almuerzos de la transición en los que compartían mesa y mantel dirigentes del PC, del PSOE, de la UCD, de Comisiones Obreras y de UGT. ¡Nada menos!

Mona llegó a España en los años cincuenta en compañía de su madre y sus seis hermanas. «Tras la muerte de Franco tuvo una ocurrencia genial —recuerda Martín Bianchi—: reunir a personalidades políticas diferentes, e incluso encontradas, en torno a un buen plato de legumbres en su pequeño piso de la calle Doctor Fleming de Madrid, primero, y posteriormente, y dado su éxito, en la calle Capitán Haya.»

Los marqueses de Griñón se convirtieron en asiduos a las

lentejas de Mona y en grandes amigos de Boyer, que acudía siempre acompañado de su esposa Elena Arnedo, prestigiosa ginecóloga.

De aquellas reuniones surgió la primera invitación de los Griñón a los Boyer para que visitaran la finca Casa de Vacas y sus viñedos, de los que Carlos se sentía tan orgulloso.

En la primera visita les acompañó el matrimonio compuesto por Manuel Guasch y Margarita Vega-Penichet. Atención a esta dama, que acaba siendo figura importante en la boda de Isabel con... Miguel Boyer.

La relación de los dos matrimonios se fue consolidando hasta el extremo de que no solo se frecuentaban (unas veces en casa de uno, otras en la del otro), sino que hasta compartían días de vacaciones en Ibiza, donde los Boyer habían alquilado una casita.

De esta época es la fotografía, luego importante, de Isabel con su todavía marido, y Miguel Boyer, todavía esposo de Elena Arnedo, que también formaba parte del grupo, aunque no aparece en la imagen, paseando los cuatro por el puerto de Ibiza.

Entonces Boyer solo era un destacado miembro socialista y sería nombrado aquel otoño de 1982, tras el éxito arrollador del PSOE con 202 escaños del total de 350, superministro de economía.

Esto es lo que explica Isabel a Pilar Eyre para su libro *Mujeres, veinte años después*, Plaza & Janés, 1996: «Cuando empecé a salir con Miguel, todavía no era ministro. Era un hombre casado, eso es muy cierto». Me desconcierta la fecha en la que se enamora de Miguel porque se suponían felizmente casados los dos. Mucho tuvo que ver Petra Mateos, la mano derecha de Boyer y una de las mujeres más inteligentes que conozco.

PETRA MATEOS, MANO DERECHA DE BOYER

Con motivo del romance de Isabel Preysler y Miguel Boyer apareció un nombre, Petra Mateos, involucrado en el mismo y que distaba mucho de ser una aventajada secretaria, como se decía. Era algo más. Mucho más, como se verá más adelante.

Lunes 15 de noviembre de 1982, ocho y media de la mañana: Miguel Boyer, que va a ser nombrado ministro de Economía y Hacienda en el primer gabinete de Felipe González, ordena a su secretaria de Planificación de Estudios del Instituto Nacional de Hidrocarburos que telefonee a la Bolsa y pregunte por Petra Mateos, subdirectora del Servicio de Estudios. Pero esta no ha llegado todavía. Poco rato después, a las nueve y media, su dulce secretaria, Angelines, le informa de que Miguel Boyer le ha llamado. Al final de la mañana logran establecer comunicación.

«Petruska —así le llamaban los amigos—, estoy formando mi equipo ministerial y he pensado en ti para el puesto de jefe del gabinete técnico. ¿Te agradaría?»

Petra se queda desconcertada y pide tiempo para decidirse. Lo consulta con el síndico-presidente de la Bolsa de Madrid, Manuel de la Concha, y con su pareja. Veinticuatro horas después le da un sí rotundo, sin saber la ingente tarea que se le venía encima.

Así empezó una estrechísima colaboración que funcionó durante los dos años y medio de mandato del superministro (se ocupó de las carteras de Economía, Comercio y Hacienda) y que continuó en el Banco Exterior de España cuando Boyer, su nuevo presidente, se la llevó a esta entidad oficial, de la que, por otra parte, ya era consejera en representación del ministerio.

Pero ¿quién era Petra Mateos Aparicio? Esta pelirroja de piel blanca y de peinado y vestimenta tradicionales, que siempre aparecía en las fotos de prensa o en los telediarios muy cerca del ministro, nació en La Solana, en plena Mancha de Ciudad Real, treinta y nueve años atrás. Había terminado Ciencias Económicas en la Universidad Complutense, en pleno reflujo del famoso mayo francés de 1968, y siguió las turbulencias juveniles de la época como prueba su época hippy, cuando vendía collares por las calles de Amsterdam.

Su primer trabajo profesional fue en Iberplan, el gabinete de estudios de Ramón Tamames, con cuya mujer, la exótica Carmen de Castro, le unía desde entonces una gran amistad. Después de varios trabajos más o menos rentables, entró en la Bolsa de Madrid, en el Servicio de Estudios, empleo que simultaneó con las clases que impartía como profesora de Económicas en la Universidad Central y en la UNED (Unidad Nacional de Educación a Distancia). Sacó el título de Doctora en Ciencias Económicas, con sobresaliente *cum laude*, con una tesis sobre inversión mobiliaria colectiva, que luego, en 1977, desarrolló en un libro titulado *Test sobre la eficacia del mercado de valores en España*, prologado por José María Fernández Pirla, el catedrático que era su tutor académico y después presidente del Tribunal de Cuentas del Reino.

Especializada en temas empresariales y profunda conocedora del mercado financiero, Petra preparó unas oposiciones y, tras un par de intentos, sacó la plaza de profesora adjunta de Economía de la Empresa de la Universidad de Valladolid para, enseguida, pedir la excedencia ya que no quería irse de Madrid, donde no hacía mucho que se había comprado un piso antiguo, que rehabilitó.

Inteligente, simpática, vitalista, estaba, gracias a su puesto privilegiado en la Bolsa, bien relacionada con el mundillo del

Documento gráfico excepcional en el que podemos ver juntos, relajados y aparentemente felices, al marqués de Griñón, Isabel y Miguel Boyer en Ibiza, durante unas vacaciones. La señora Boyer, Elena Arnedo, también estaba, aunque no aparece en la foto. Isabel y Miguel se estaban... enamorando.

periodismo económico (figuraba en los consejos de redacción de los semanarios *Mercado* y *Nuevo lunes*), donde tuvo excelentes amigos personales.

Cuando se incorporó al equipo ministerial de la calle de Alcalá como directora de gabinete del ministro Boyer, y tras un rodaje un poco laborioso (desconocía la mecánica de la administración pública), logró convertirse, gracias a su inteligencia y eficacia, en la mano derecha de Miguel Boyer, en la época más apasionada del superpoderoso ministro. ¡Si ella hablara!

En el plano de trabajo su puesto se convirtió, por confianza del titular, en pieza clave de Economía y Hacienda. Por su despacho, contiguo al del ministro, pasaban todos los asuntos y visitas antes de llegar al jefe, lo que le confería de hecho un gran poder, y consiguientemente le creó —la envidia es un mal nacional— importantes detractores.

En el plano personal, aquel estrecho contacto y su gran valía y cordialidad le convirtieron enseguida en amiga personal de Miguel Boyer, por lo que no era de extrañar que siguiera de cerca las incidencias de la vida sentimental de este con Isabel, organizando cenas y encuentros. (Información de Guillermo Lobo.)

La relación de Isabel y Boyer duró tres años clandestina, por deseo expreso de él, y fue Petra Mateos quien sirvió de cortafuego para que esa relación se mantuviera en secreto. (Juan Luis Galiacho, en *Periodista Digital*.)

CARLOS A MARRUECOS, ISABEL A PARÍS

Las declaraciones de la propia Isabel a *Vanity Fair* en diciembre de 2010 son muy reveladoras de lo que pasaba aquellos días:

«La primera vez que Miguel y yo salimos juntos me llevó a comer a un restaurante a las afueras de Madrid. Yo le dije: "oye, vamos a tener cuidado, ¿eh?, que me conoce mucha gente". Estaba muy nerviosa y no sabía ni qué pedir del menú, del apuro que me daba que me reconociera alguien. De repente entró un autobús entero de señoras que miraban y se daban codazos. "La Preysler, la Preysler", exclamaban las señoras diciendo mal mi apellido».

En esa misma entrevista, Isabel reconoció a Lourdes Garzón: «Es verdad que Miguel me fascinó. Al principio empezamos con un almuerzo, una cena, hablando... Me dije: "¡Qué interesante es este señor!". Era muy brillante, tenía mucho sentido del humor. Pero también él era una persona seria y me dijo que para él esta relación era muy importante, y no para que me divirtiese y lo pasase bien, que había que llevarla en serio. Entonces yo lo tomé con más mesura (ríe). Hay momentos en los que estás un poquito más loca, más descocada... Desde luego, si me dan pie, yo lo puedo pasar mejor que nadie. Es verdad que Miguel me hizo pensar que la vida era más seria de lo que yo creía».

Pero ¿qué pasaba entonces en Arga, 1? ¿Cuál era la relación entre Isabel y Carlos con la sombra de Miguel amenazando la estabilidad del matrimonio? Según sus amigos más íntimos, y recogido por Juan Luis Galiacho, Carlos Falcó «sabía perfectamente cuál era la situación, pero, como seguía enamorado como el primer día, quiso entender que aquella relación sería algo pasajero, sin más importancia que la de una aventura que el tiempo acabaría por borrar». Pero ni era ni fue así.

Humildad contaba en las memorias que me escribió para la revista que yo dirigía que el primer día que vio a Miguel en la finca pensó que «venía a quitarnos a la señora, como había hecho con Rumasa».

Aquella Semana Santa, Isabel y Carlos se fueron de vacaciones, pero cada uno por su lado: los hijos de Carlos quisieron irse con su padre a Marruecos, porque Isabel y su hija Tamara preferían ir a Miami a ver a Chábeli, Julio José y Enrique. Carlos qui-

Importante fotografía tomada en la finca de Malpica durante la primera visita que Miguel hizo, por invitación del marqués de Griñón.

so retrasar su salida para acompañarlos al aeropuerto, pero Isabel se negó, por lo que el marqués de Griñón adelantó el viaje y se fue a Marruecos con los niños. Al día siguiente Isabel se marchó, como había anunciado, pero no a Miami, sino... a París.

¿Por qué a París y no a Miami, como le había dicho a su marido? Simple y sencillamente porque quería consultar con su amiga del alma, Carmen Martínez-Bordiú, que ya se había casado con Jean-Marie Rossi, y que de separaciones y demás infidelidades lo sabía todo. Carmen fue la primera y única persona en conocer el comienzo y las relaciones adúlteras de Isabel y Miguel, cuando todavía estaba casada con Carlos Falcó y tenía una hija, Tamara, fruto de este matrimonio. Y Miguel seguía casado con Elena Arnedo y con dos hijos, Laura y Miguel.

Galiacho reproduce la presunta conversación entre Carmen e Isabel:

—Carmen, he venido a verte porque tengo que contarte algo serio. Me he enamorado.

—¡Qué me dices, Isabelita!

—Sí, y quiero que seas tú la primera en saberlo, porque yo ya estoy decidida a todo.

—¿Y puedo saber quién es el afortunado?

—Miguel Boyer.

—¿Miguel Boyer? ¡El ministro socialista!

—Sí, el mismo.

—Pero si está casado.

—¡Y yo también!

—Bueno, eso no es problema, tú ya sabes cómo tienes que actuar.

—Sí, pero tengo mis dudas.

—¿Económicas, sociales, políticas, religiosas...?

—De todo un poco, pero ahora lo que más me preocupa es la niña, Tamara, solo tiene dos años.

—Eso tampoco es un problema: cuanto más pequeños son los niños, mejor. Y más si... rápidamente le traes un hermanito.

—No seas bruta, Carmen, que estamos hablando de cosas serias.

—Bueno, creo que ahora mismo lo más importante es evitar el escándalo, porque, no lo dudes, vais a ser portada de todas las revistas y de todos los periódicos. ¿Dónde os veis? Tenéis que evitar a toda costa salir en los papeles rosa.

—Pues la verdad es que eso lo tenemos difícil. Hasta ahora lo venimos resolviendo porque Miguel tiene muchos amigos y de mucha confianza.

—¿Y por qué no os venís a París? Ya sabes que en París uno se pierde y esto no es Madrid.

—Puede ser una buena idea... Se lo diré a Miguel. ¿No te parece?

Cuando leía estas líncas, no podía por menos que preguntarme: ¿cómo justificó Isabel a Carlos, su marido, este viaje a París? Me gustaría saber qué explicación le dio.

¡NOS HEMOS SEPARADO!

Humildad lo cuenta así: «La doncella me dijo que subiera a la biblioteca, que el señor quería hablar conmigo. Sabía lo que me iba a decir. Cuando entré, la señora, que estaba sentada en un sofá, me dijo muy bajito: "Nos hemos separado"».

Según el ama de llaves, Isabel se encontraba muy tranquila, muy serena. Al poco rato apareció el marqués.

—Mire, Humildad, hemos tomado la determinación de separarnos la señora marquesa y yo.

—Las cosas las da Dios. Hay que resignarse. No se puede luchar siempre contra viento y marea.

Isabel les comunicó la noticia a su servicio, al matrimonio filipino que seguía teniendo desde que vivía en San Francisco de Sales y que se llevó cuando se trasladó a Arga 1. Carlos le dijo a Humildad que tanto Manolo como Xandra querían tenerla a su lado y le pidió que se fuera a vivir con ellos.

—Señor, una vez que coja la puerta será para no volver. No deseo de ninguna forma continuar al lado de la señora. Mi sitio ha estado siempre al lado de usted y de sus hijos.

Cuando se despidió de Margarita, la sirvienta filipina, que ya había sido doncella de Isabel en la época en la que estaba casada con Julio, esta le dijo:

—Humildad, estamos empatadas. Las dos hemos asistido a

dos separaciones. Usted a la del marqués con su primera esposa y ahora con esta. Y yo con la de Julio Iglesias y ahora la del señor marqués.

»Al día siguiente de la marcha de Carlos me llamó su madre, la señora duquesa de Montellano —contaba Humildad—: "¿Sabe usted que el señor marqués se ha separado?", me dijo. Me entró una llorera terrible. Las primeras personas en las que pensé fueron en los niños, sobre todo los hijos del marqués, Manolo y Xandra.

»Lógicamente los chicos estaban muy tristes, muy molestos. Fue muy duro para ellos. Ahora tenían a su madre, con la que se fueron, y a su abuela. Y por supuesto a su padre, que es mucho padre.»

Cuando el 16 de julio de 1985 apareció publicada la noticia de la separación de Isabel y Carlos, el marqués de Griñón ya no vivía bajo el mismo techo familiar de Arga, 1. Un día antes había trasladado sus escasas pertenencias, las justas, al exclusivo hotel Ritz, donde ocupó durante unos días la habitación 121.

Nada más conocer la noticia de la separación de Isabel, la decisión de Julio fue apartar a su hija Chábeli de la tormenta y protegerla de la morbosa curiosidad de la que, como una de las víctimas de la ruptura, iba a ser objeto. Y se la llevó a su villa de Nassau, en las Bahamas, donde se encontraba preparando el que deseaba que fuera el más importante disco grabado hasta entonces. La primera canción se titulaba «Felicidades», que comenzaba con la siguiente estrofa: «Felicidades por habernos roto el corazón en mil pedazos». No exagero si escribo que la noticia del fin del matrimonio de su ex le rompió el corazón por todo lo que estaba sucediendo. «La felicidad de Isabel siempre me ha preocupado. Por ella misma y sobre todo por la repercusión en nuestros hijos, cuya estabilidad emocional tanto nos preocupa a los dos —me diría Julio cuando hablé con él por teléfono—.

De todas formas, Isabel sabe lo que hace y no creo que ello afecte a nuestros hijos, ya que ella ha sabido ser, siempre, una gran madre, seria y responsable. Por supuesto que me entristece que su segundo matrimonio, después del fracaso del nuestro, no haya sido feliz. Yo le deseaba suerte de corazón, porque para ella quiero todo lo mejor. Me duele y me preocupa que esté atravesando un mal momento, aunque estoy seguro de que sabrá sobreponerse y salir adelante.»

Según Fernando Falcó, marqués de Cubas y hermano de Carlos, «la noticia del fracaso matrimonial de mi hermano nos ha entristecido a todos. Nuestra máxima preocupación era, efectivamente, nuestra madre. Pero, afortunadamente, es una mujer de gran entereza que ha dado al tema su justa importancia. Está triste pero entera, y en todo momento ha estado y está al lado de mi hermano».

La escritora Elena Soriano, una de las más importantes escritoras de la llamada generación de los cincuenta (junto con Carmen Laforet y Ana María Matute) es también la madre de Elena Arnedo, esposa de Miguel Boyer, y, al ser preguntada por Luis del Olmo en el programa *Protagonistas* de la COPE por la relación de Isabel y de su yerno, respondió lo siguiente: «Eso es lógico en un señor de cincuenta años menopáusico. Lo suyo son cosas de la menopausia. Yo creo que Miguel es inteligente en la medida en que todo el mundo somos inteligentes y en otros momentos, por determinadas circunstancias, perdemos nuestras mejores facultades». En otro encuentro con la prensa en Santander declaró sobre el tema: «No tengo nada que decir. Es ajeno a mi función literaria. Siento demasiado cariño y respeto por la dignidad de mi hija como para inmiscuirme en su vida privada».

Cuando se le preguntó cómo se encontraba su hija Elena después de la separación de su marido y de la relación con Isabel Preysler, respondió: «No está demasiado afectada. Hablar de ella lo considero de mal gusto. Mi hija es una mujer muy serena, muy consciente y muy inteligente y que sabe comprender bien las circunstancias».

Ante la pregunta de si pensaba que Miguel Boyer era un «superministro», contestó: «No hay buen señor para ningún vasallo».

LOS DOCE «APÓSTOLES» EN LA CENA

El día 5 de febrero de 1985, Miguel Boyer cumple 46 años. Ya vive separado de su esposa, que sigue en la casa del matrimonio en la calle Ripoll, en El Viso, a tiro de piedra de Arga, 1, el hogar de Isabel y Carlos, un matrimonio que, si no está separado, sí es un matrimonio a la deriva.

Para sobrellevar esta extraña situación, Miguel se ha hecho acondicionar un pequeño apartamento en el ático del propio Ministerio de Economía, en la calle de Alcalá. Y es aquí donde su eficiente jefa de gabinete y «útil recadera», Petra Mateos, decide organizarle una fiesta muy privada con amigos muy seleccionados. Casual o intencionadamente eran doce «apóstoles» incondicionales, como los de Cristo en la Santa Cena. A la mesa, en esta ocasión tan profana, están Carlos Solchaga y su esposa, Gloria Barba; Manolo Guasch y Margarita Vega-Penichet, que tanto protagonismo también tuvo en la boda de Isabel con Griñón; Manuel de la Concha y Paloma Giménez Altolaguirre; Juan Antonio Ruiz de Alda y Pilar Moreno; Mariano Rubio, Joaquín Leguina, Petra Mateos y, por supuesto, Isabel Preysler, que llevó la consabida tarta de chocolate y moka y las 46 velas de su pastelería favorita, Embassy, la misma donde su suegra, la duquesa de Montellano, había adquirido la tarta de bodas de su hijo con Isabel.

El lector se preguntará: ¿qué tiene Embassy que no tenga otro establecimiento para que sea preferido por personas tan exquisitas como lo era la duquesa de Montellano o Isabel Preysler? Puede decirse, sin temor a exagerar, que es el único salón de té de Madrid o de España. A orillas del barrio de Salamanca, Embassy se inaugura el 5 de diciembre de 1931, pocos días antes de que jurase el cargo Niceto Alcalá Zamora como presidente de la República. Lo que empezó solo como salón de té (la reina Federica de Grecia lo frecuentaba cuando venía a Madrid para ver a su hija la reina Sofía, que solía acompañarla), hoy es también un espacio gastronómico muy selecto y de escogidísima clientela.

Miguel Boyer saliendo de la famosa casa de Arga, 1.

Su fundadora quiso que fuera un salón de té al estilo inglés, al comprobar que entonces no había en Madrid ningún lugar donde las mujeres pudieran ir solas a tomar el té. Embassy marcó un paso a la modernidad en una España acostumbrada al consumo de churros con chocolate y café de tertulia. María Jesús Pérez Ortiz, filóloga, catedrática y escritora, cuenta que Kearney Taylor logró que Embassy se convirtiera en un lugar de encuentro de diplomáticos, aristócratas, políticos, empresarios e intelectuales. También, en 1939, en tapadera del espionaje internacional durante la Segunda Guerra Mundial.

Embassy elaboró, en 1995, el postre de la boda de la infanta Elena y, durante la visita que la reina Isabel de Inglaterra realizó a nuestro país, se le prepararon los *scones*, panecillos redondos típicos de la cocina del Reino Unido y originarios de Escocia.

Embassy, uno de los establecimientos madrileños cargado de historia, es un lugar para la memoria del recuerdo. Embassy, una palabra que no pertenece a nuestra lengua pero que ya lo hace por derecho, según la catedrática Pérez Ortiz.

Esta cena fue para Miguel una gran oportunidad de que Isabel intimara con sus amigos más conocidos y una demostración de que Petra Mateos no solo mandaba sino que era quien organizaba su vida de separado.

¡QUÉ MES EL DE JULIO!

El mes de julio de 1985 fue tremendo y dramático tanto para Miguel Boyer como para Isabel Preysler.

Como escribiría el gran periodista, desgraciadamente desaparecido, José Luis Gutiérrez, en su libro *M.B., el hombre que sabía demasiado* (Temas de Hoy, 1991): «Eran los días en los que Boyer estaba ya harto de jugar al ajedrez contra el ordenador que se había instalado en su habitación con el fin de pasar las largas y solitarias noches de su recobrada soltería. Por eso, cada día daba un paso más en el abismo que se colocaba frente a él y no tenía más remedio que saltar al otro lado».

Una frase típica que el propio Boyer decía a sus amigos era la siguiente: «Una regla general de la política es no abandonar nunca una posición, salvo que te echen». Pero Miguel Boyer la abandonó en su momento de mayor gloria, cuando se jugó toda la partida a un órdago, precisamente él, considerado un hombre frío, ambicioso y calculador, que no conocía ninguna de las señas del mus.

El día 5 de ese mes de julio de 1985 se produce una noticia que conmociona, no solo a la clase política, sino a la opinión pública y a la prensa: la dimisión de Miguel Boyer. «Me ha dicho, entre otras cosas, que está cansado. Yo personalmente le creo», afirma Felipe González, entonces presidente del Gobierno.

La dimisión tuvo que desestabilizarlo emocionalmente. O ya lo estaba, mejor dicho. En ese momento, entremezclados se encontraban la política y el amor. Debió de sentirse tan dramáticamente solo ese día que, veinticuatro horas más tarde, concretamente el día 6, telefonea a su mujer, Elena Arnedo. A Isabel no podía, pues todavía se encontraba casada y compartiendo techo con su marido, con Carlos Falcó, en Arga, 1.

¿Para qué llamó a Elena?, se preguntará el lector. Posiblemente ni él mismo lo sabía. Pero le pide permiso para volver a casa, al domicilio conyugal, en la calle Ripoll. José Luis Gutiérrez, que era su amigo, recuerda en la obra citada anteriormente: «Tras la conversación se atisbó una posibilidad de arreglo, sometidos como estaban ambos a una muda presión psicológica». Verdad o mentira (me parece increíble), lo cierto es que Miguel durmió esa noche en su casa, donde trasladó sus maletas. ¿Lo hizo con Elena? Eso pertenece a la intimidad del todavía matrimonio, pero lo cierto es que la experiencia no debió de ser muy positiva porque, a la mañana siguiente, le comunicó a Elena que lo había pensado mejor. Y se marchó para siempre. Esta vez al domicilio de su familia, de los Boyer, en la calle Velázquez. Días después alquiló un pequeño apartamento en la calle Miguel Ángel.

Ignoro si Isabel aprovechó la dimisión de Miguel y el fracasado intento de reconciliación del ex ministro con su esposa, lo cierto es que el día 9, cuatro después de lo anteriormente expuesto, plantea a su marido la separación, el fin del matrimonio, momento al que ya nos hemos referido con anterioridad. El día 15 se hace pública la ruptura del matrimonio de los marqueses de Griñón. Y el 30, Miguel firma con Elena el divorcio de mutuo acuerdo. Su tramitación correspondió al Juzgado de Familia número 23, cuyo titular era Ramón García Varela. No fue él quien presentó la demanda, sino ella, Elena Arnedo.

¿Hay quien dé más?

NO SOY LA ÚNICA

Isabel, después de separarse de Carlos y enamorarse de Miguel, justificaba, en el mes de agosto de ese año 1985, en su revista de cabecera ¡*Hola!* su nueva situación:

«No debo de ser la única mujer que, tras deteriorarse su situación familiar y separarse, decide rehacer de nuevo su vida. Y me hubiera gustado que todo hubiera sucedido en silencio, sin salir a la luz pública. Pero sé, por otra parte, que ya no está en mis manos dejar de ser popular. Lo único que puedo y quiero decir es que, en la vida, las cosas suceden y hay situaciones irremediables. El corazón tiene un día unas razones que tú, al principio, intentas silenciar o desoír, pero no es nada fácil dominarlo todo con la razón. Y es por eso por lo que, al final, suelen en muchos casos imponerse los sentimientos. Pero en este momento ten-

Isabel Preysler, de vacaciones, después de conocerse su romance con Miguel Boyer, que aparece en segundo plano.

Primeras fotografías de Isabel y Miguel, tras la separación de los marqueses de Griñón.

Isabel y Miguel, relajados en sus primeras vacaciones como pareja.

go las ideas muy claras». Tanto que después de las vacaciones de verano, pasadas con Miguel en Marbella, este dejó su apartamento en la calle de Miguel Ángel, muy cerca de la revista *¡Hola!*, y se trasladó a vivir a Arga, 1, el domicilio de Isabel, que él conocía muy bien por haber entrado en la casa, incluso bajo una manta en la parte trasera de su coche, y haber pernoctado en más de una ocasión. Cuando se instala definitivamente, ya ocupaba el flamante cargo de presidente del Banco Exterior, con un sueldo anual de... 20 millones de pesetas, más las 453.405 al mes que le correspondía por la pensión como ex ministro.

MIGUEL SE CRUZÓ EN MI CAMINO

Reflexionando con Lourdes Garzón sobre su vida sentimental y los hombres que la han amado, o que ella había amado, Julio, Carlos y Miguel, Isabel decía: «No creo que ninguno de mis ex maridos me odie. Pero, además, no solamente les tengo cariño, sino que les agradezco todo lo bueno que me han dado. Cada uno de mis matrimonios fue diferente. Porque todos eran totalmente opuestos. Carlos es un hombre muy cosmopolita, al que le gusta mucho viajar, moverse, el campo. Julio es más de ciudad y de playa. Carlos es un liberal de verdad. Yo podía ir a fiestas, a bailar, a divertirme. Julio, por el contrario, más bien era un chico de derechas, conservador, celoso, posesivo. A él no le gustaban las fiestas y no podíamos ir, porque si voy a una cena no me voy a poner a bailar sin parar mientras él lo está pasando mal. Carlos tiene otro tipo de carácter, otra mentalidad. Me gusta pensar que por lo menos he vivido cosas dife-

Isabel y Miguel en el primer acto público juntos, en marzo de 1986.

rentes, no solamente diferentes, sino que he vivido. Yo he visto a mucha gente que pasa por la vida sin pena ni gloria, y sin sentir, sin darse cuenta de lo maravilloso de la vida. De lo único que me puedo arrepentir es de lo que no he hecho.

»¿Qué faltó en esa relación con un hombre tan fantástico como Carlos Falcó? Francamente, se cruzó Miguel en el camino. Pero lo cierto es que Carlos te hacía la vida muy agradable, entretenida y divertida. Viajábamos, íbamos a Gstaad en invierno, a cacerías, a los bailes en Londres, en Nueva York, conciertos en Salzburgo... No fue culpa de Carlos, fue mía. Lo sentí muchísimo por él, pero me enamoré.

»Nunca una separación es fácil, te engañaría si lo dijera. No lo fue con Julio, ni tampoco con Carlos. Las separaciones, aunque sean lo que quieras, resultan siempre dolorosas. Aunque lo estés deseando, es difícil, es doloroso. Y yo, las dos veces que lo he sufrido, he pasado por la dificultad y el dolor.

»También he pasado por épocas que se podrían describir como casi, casi escandalosas. Las he pasado y han sido terribles. Me separé de Carlos en julio de 1985. Poco antes Miguel había cesado en su cargo de ministro. Yo hice todo lo posible para no llamar la atención, pero todo se magnificaba y exageraba. Dejé de hacer muchas cosas precisamente por eso, porque yo pensaba que todo era tan, tan escandaloso...

»Siempre he contado lo menos posible. He tenido un cuidado absoluto con lo que decía. He pasado por unos períodos tremendos, donde me juzgaban por cualquier cosa que hacía o decía. Yo siempre me preguntaba y me sigo preguntando: pero ¿qué imaginan de mí? Tengo muchos secretos, fallos y aciertos, pero, sí, volvería a repetir las mismas equivocaciones y errores, seguro. Y eso que yo no soy alocada, pienso las cosas, intento utilizar la cabeza, pero, al final, siempre puede más el corazón».

Para terminar, resume su vida con una frase muy mía, por lo que debería cobrarle *royalties*: «Valgo más por lo que callo que por lo que cuento, sin ninguna duda. Y me lo callaré siempre». Podría haber dicho aquí: «como dice Jaime Peñafiel».

ISABEL SE REENCUENTRA CON JULIO

Isabel Preysler y su ex marido Julio Iglesias dieron, tres años después de separarse, una lección de cómo se debe comportar una pareja a pesar de estar separados, divorciados y hasta anulados. ¿El motivo? La primera comunión de Chábeli y Julio José, dos de los tres hijos que habían tenido de su matrimonio. Hacía tres años que Isabel había decidido separarse, cansada de las infidelidades de su marido. Desde entonces no habían vuelto a verse, por ello el reencuentro tenía un significado especial. No fue fácil. Ni para el famoso padre ni para la distinguida madre. Era deseo de uno y de otro que la primera comunión de los hijos tuviera lugar en un ambiente lo más íntimo posible, algo muy difícil de conseguir. Varios meses duraron las conversaciones entre los padres para buscar el lugar. Julio deseaba que fuera en Miami, donde él residía, pero después de mucho buscar y pensar se logró encontrar un lugar excepcional: el Vaticano. Iba a ser el propio Juan Pablo II el que diera la comunión a los niños, en una ceremonia que debía celebrarse en la propia capilla del pontífice. Pero el atentado sufrido por el Papa echó por tierra este bello proyecto, por lo que hubo que comenzar de nuevo. Por fin Isabel se decantó por la capilla del convento de los padres dominicos, situado en la calle Madre de Dios de Madrid. Lo eligió por la amistad que le unía con el padre Fray Bartolomé, aquel

En mayo de 1981, Julio e Isabel, entonces ya marquesa de Griñón, se reúnen en Madrid para celebrar la primera comunión de Chábeli y Julio José.

fraile que presumía de ser el confesor del rey Juan Carlos, que, dicho sea de paso, nunca se confesó.

Después de la elección del lugar quedaba lo más importante: la fecha. Aprovecharon que Julio se encontraría en Europa, concretamente en Roma, para grabar un programa especial para la televisión italiana. Se fijó el día de después, que era lunes 25, para la ceremonia. Ese mismo día, a las doce de la mañana, Julio aterrizaba en el aeropuerto de Madrid-Barajas, desde donde se trasladó directamente a la capilla, en la que a las trece horas comenzaría la misa, donde Chábeli, vestida con el clásico traje de organza con lorcitas y Julio José, con el no menos clásico de marinerito, tenían que ser los auténticos protagonistas.

Presentes en la pequeña capilla de tan solo seis por siete metros, el abuelo paterno, doctor Iglesias; Carlos, hermano de Julio; la directora y la profesora del colegio, y la señorita que cuidaba de los niños, Elvira Olivares. Por supuesto, no podía faltar el gran Alfredo Fraile, que organizó el operativo como si de un concierto de Julio se tratara. Él fue el encargado de buscar una escolanía de voces blancas que entonaron algunas composiciones sacras desde una sala contigua.

A las dos de la tarde, Julio, Isabel, los niños y el reducidísimo grupo de invitados se trasladaron al restaurante Los Remos, en el kilómetro 12,6 de la carretera de La Coruña. A las cuatro y media de la tarde Julio se dirigió al aeropuerto para volar a París, para atender un compromiso profesional. Isabel me reconoció: «No hubiéramos hecho nunca una primera comunión sin que estuviéramos los dos».

…Y MIGUEL CON ELENA

Habían pasado tres años también desde que se habían separado para que Miguel Boyer y su esposa Elena se reunieran de nuevo. Tres años desde que saliera, por una crisis matrimonial irreconciliable, del chalé blanco de la calle Maestro Ripoll, número 18, donde vivía con su esposa Elena Arnedo y sus dos hijos, Laura y Miguel. El día: el 11 de marzo de 1986. Entonces ya no era ministro, sino presidente del Banco Exterior, y lo de él con Isabel ya era público.

Desde que se separó de Elena no se habían vuelto a ver. Como Julio e Isabel. ¿Cuál era el motivo de este reencuentro y además en la casa que había sido el hogar familiar? ¿Por qué lo hacía vestido de elegante chaqué? Simple y sencillamente porque su hija Laura quería que su padre la llevara al altar el día de su boda con Luis Imedio. Tanto Miguel como Elena se comportaron como debían, como padres, aparcando por un día sus rencillas personales, aunque la ex de Boyer se mostró visiblemente disgustada por la presencia de los periodistas, a los que el oficiante recordó que se iba a celebrar «un acto religioso y no un acto social».

Dada la importancia del padre de la novia, asistieron como invitados numerosas personalidades relacionadas con el mundo económico, en el que tanto había tenido que ver cuando era ministro: el presidente del Banco Central, Alfonso Escámez, consi-

En marzo de 1986 y después de tres años de separación, Miguel Boyer y Elena Arnedo se reúnen para casar a su hija Laura.

derado como «el banquero del rey»; Luis Valls, del Banco Popular; del Banco de España, Mariano Rubio, y el ministro de Economía, Carlos Solchaga.

La madre de la novia, muy elegante, en amarillo, blanco y negro, y una pamela negra. Por aquello de tener la fiesta en paz, no tuvieron inconveniente en posar junto a los padres del novio, ofreciendo a la novia el mejor regalo que ella podía desear.

Cuarenta y ocho horas después, Miguel Boyer volvía a su estabilidad sentimental al lado de su compañera Isabel Preysler, a la que decidió ofrecer una compensación para contrarrestar la repercusión que su presencia en la boda de la hija hubiera podido tener en la prensa: acompañarla a la inauguración de un centro de estética y belleza, dirigido por el doctor Luis Recatero, y cuya fotografía ofrecemos en las páginas de este libro. Era la primera vez que aparecían juntos en público como pareja.

LIMONES PARA ISABEL Y PARA MIGUEL

El 4 de abril de 1984, Isabel y Miguel deciden comparecer juntos ante la prensa con motivo de la entrega de los premios Naranja y Limón.

Estos galardones habían sido instituidos en 1973 por la peña de Periodistas Primera Plana, así denominada inicialmente por Hugo Ferrer, corresponsal de revistas y televisión de Buenos Aires. Hugo Ferrer, que durante muchos años se ocupó también de departamentos de prensa en las más importantes compañías discográficas, fue quien propuso que un grupo de periodistas que en aquel momento cubrían la información del espectáculo y sociedad se reunieran a almorzar semanalmente, no en plan de trabajo, sino como amigos. Al cubrir la mayoría de ellos noticias del mundo del espectáculo, se acordó que se premiara a artistas: el premio Naranja se otorgaría al personaje que mejor se hubiera comportado con la prensa, y el Limón se le concedería al que menos facilidades hubiese dado a lo largo del año a los medios informativos.

En esta primera edición, el Naranja fue para el inolvidable actor José Luis López Vázquez, y el Limón para Marisol (Pepa Flores), que vivía momentos de rebeldía contra su propio mito de «niña prodigio del cine español» y andaba huidiza de la prensa, pese a que todos la querían.

Un año después, a finales de 1974, se decidió no limitarse a destacar figuras del espectáculo y acordaron galardonar también a personalidades de cualquier sector: bellas artes, ciencias, política, empresa, vida social...; o sea, crear lo que aún seguía llamándose Naranja y Naranja especial, Limón y Limón especial, que en aquel momento se entregaron al actor Julián Mateo y a Camilo José Cela (Naranja), y a los entonces novios Amparo Muñoz, Máximo Valverde y Miguel Ángel García Lomas, alcalde de Madrid (Limón).

Memorable fue el discurso de Camilo José Cela: «Este premio Naranja que me concedéis me llena de estupor. No me lo merezco. Yo soy un "mala uva" que a ratos tengo raptos de buen humor. Hay mujeres que me dicen que soy un solete, pero al dormir tengo un pronto jaranero y tumultuario. Cumpliré sesenta años el año que viene. Tengo vocación de chulo frustrado y ganas de pegar a alguien para que se lo creyese. Pero llevo mala carrera». Desde entonces se mantienen estos mismos galardones; en el año 2006 se amplió con el premio Mandarina «a una trayectoria profesional», que fue otorgado a Concha Velasco, y en años sucesivos al Dúo Dinámico, a Antonio Mingote o, en 2009, a Cayetana Fitz-James Stuart, duquesa de Alba.

Las dos únicas Naranjas de oro que se entregaron fuera de la sede, en audiencias que fueron concedidas en el palacio de la Zarzuela, fueron a su Majestad el Rey don Juan Carlos I, en 1995, y previamente a su Majestad la Reina doña Sofía, en 1992.

En la ocasión que aquí nos interesa, Javier de Montini, presidente de la peña, en la entrega el año 1984 del premio Limón a Isabel Preysler y el Limón especial a Miguel Boyer, intentó dejar muy claro que no se trataba de galardonar a «buenos» y a «malos», ni siquiera a «simpáticos» o a «antipáticos». En su discurso del 4 de abril de 1984 se expresó en los siguientes términos: «Se equivocan quienes establecen la equivalencia Naranja-simpatía y Limón-antipatía. No es así. Lejos está en el ánimo de quienes creamos estos premios herir la sensibilidad de persona alguna... La peña Primera Plana siempre ha cuidado, por encima de la lógica competencia profesional, cultivar la amistad entre sus miembros. Somos compañeros y, sin embargo, amigos. Al otorgar los premios, prima en nosotros ese mismo sentimiento de amistad. Y así, al Naranja venimos a decirle: "Enhorabuena, celebramos muchísimo su comportamiento con nosotros". Es el de un sincero amigo. Y al Limón tratamos de alertarle: "Enhorabuena, le consideramos amigo, pero esperamos más de usted cuando la noticia le convierta en protagonista"».

En esta ocasión los galardonados fueron el teniente general José Antonio Sáenz de Santamaría, director general de la Guardia Civil, como Naranja especial; el ministro de Hacienda, Economía y Comercio, Miguel Boyer Salvador, como Limón especial; el tenor Plácido Domingo, como Naranja; y la estrella social, Isabel Preysler, marquesa de Griñón, consorte en aquella fecha, como Limón. Además, por compromiso oficial no recogieron su estatuilla de Naranja extraordinaria las infantas Elena y Cristina de Borbón, también galardonadas ese día.

Por cierto, en aquella cena celebrada en el hotel Los Galgos, a la que asistió Carmen Romero, esposa del entonces presidente del Gobierno, Felipe González Márquez, se hicieron unas fotos de enorme repercusión periodística: por primera vez veíamos juntos a Isabel Preysler y Miguel Boyer, que poco después confirmarían los cada vez más insistentes rumores de idilio. Más adelante contraerían matrimonio.

Que estábamos compartiendo con la pareja el secreto de su enamoramiento pudimos deducirlo ya muy claramente del discurso de Boyer:

«He de dar las gracias —dijo el ministro—. Un premio siempre es un premio, y yo, profesionalmente, me ocupo de la lotería, por eso respeto mucho los premios. Cuando le dan a uno el Limón, es duro, porque se concede a los antipáticos, pero luego hace uno estudios y se encuentra una serie de personas encantadoras a las que le ha sido concedido, en especial a las del sexo distinto, este año, Isabel Preysler», y volvió su mirada hacia ella con especial admiración.

De especial recuerdo para la peña Primera Plana fue el premio concedido al presidente Adolfo Suárez González en 1977, quien por primera vez recibía en audiencia a un grupo de periodistas españoles, a los que se atrevió a decir que «esto de ser presidente es muy duro».

En 1983, Carmen Romero recogió su Naranja, no como premio a la simpatía, «sino al esfuerzo que todos hacemos para que los periodistas puedan hacer su trabajo», como dijo la primera dama, a la vez que el entonces vicepresidente del Gobierno (de Felipe González), Alfonso Guerra, aceptaba el Limón recalcando que... sin mérito y con regañina a los periodistas de Primera Plana. Recuerden sus palabras: «Yo no soy la acidez del gobierno, yo no soy agrio, soy dulce, soy plácido. Se han equivocado radicalmente. Querían apuntarse al cambio y por eso pensaron en la esposa del presidente del Gobierno y en mí. Como Carmen Romero se merecía el Naranja, yo he tenido que quedarme con el Limón. Mis relaciones con la prensa son buenas. Yo nunca he rectificado una información ni he descolgado un teléfono para atacar a un periodista. Yo dedico un tiempo muy limitado a la propia imagen, al revés que otros, y pienso que soy un mirlo blanco para la prensa».

Lucía de Vicente recuerda el detalle de Ana García Obregón (Limón en 1991) con su pareja, Alessandro Lequio, y Norma Duval (Limón en 2000), que para recoger sus respectivos agrios premios eligieron vestidos de amarillo limón. Y la carambola del Limón de Camilo José Cela, en 2000, que su esposa María Castaño recogió con emoción porque «hace justamente doce años que a Camilo le entregaban el premio Nobel en Estocolmo».

«Por causa o simplemente con excusas, hay bastante premiados, sobre todo limones, que no han recogido en su momento las estatuillas correspondientes, pero solo recuerdo —dice Javier de Montini— un caso, de José Federico de Carvajal, en el que se haya "rehusado" la distinción.» Esta actitud del entonces presidente del Senado inspiró a Jaime Campmany el logradísimo recuadro «José Federico Limón» (*ABC*, 25.05.1988), cuyo párrafo final reproducimos: «Pero ¡hombre!, don José Federico, no le perdono a usted que haya despreciado el Limón, oro en tetitas, estrella dorada de los huertos de mi tierra, Murcia, jugo agridulce como el del amor viejo. Todavía, si hubiese sido vinagre lo que le ofrecieran... Pero el limón es néctar de penitencia para golosos, alegría de los manjares, gajo del paraíso, ironía de los huertos del azahar, seno adolescente como el de la amada de Salomón, tesoro frutal de las muchachas núbiles, gozo de la mano, pasión de la lengua... No entiende usted de cítricos, don José Federico».

Mar Flores estuvo muy elegante cuando recogió su premio: «Diría, humildemente, que no merezco el Limón. De todos modos, gracias por haber pensado en mí. A partir de este momento haré un máster para ganarme el Naranja».

Verdaderamente seductores estuvieron Isabel Pantoja y Julián Muñoz la noche en que recogieron el Limón especial a la pareja, entonces feliz y años después rota. Aquella fiesta resultó multitudinaria, no solo por el interés que suscitaba la cantante de coplas sevillana y eterna viuda del torero Paquirri, sino también por la simpatía arrolladora de otro premiado, el doctor Julio Iglesias Puga, el entrañable Papuchi, padre de Julio Iglesias.

De políticos, dos matrimonios: a José María Aznar (antes de llegar a la Moncloa) y Ana Botella se les premió como naranjas.

Felipe González y Carmen Romero corrieron suerte distinta, ella fue Naranja, y su marido, Limón. También de la política se ha premiado a un padre, Pío Cabanillas, como Limón, y a su hijo Pío Cabanillas, como Naranja.

ANULACIÓN, DIVORCIO Y DE NUEVO MATRIMONIO

De los cuatro amores que hasta ahora ha tenido Isabel (Julio, Carlos, Miguel y Mario), el de Boyer ha sido el que más ha durado, veinticinco años, frente a los siete de Iglesias y a los siete de Griñón. Está por ver cuánto durará el que está viviendo con Mario Vargas Llosa.

El rumor de que Isabel Preysler se había vuelto a enamorar, después de haber estado casada con Julio, con quien anuló el matrimonio, y del marqués de Griñón, de quien se divorció, estalló en febrero de 1985 cuando Tico Medina, mi sucesor en las páginas del *¡Hola!* de mis amores y mis dolores, le preguntó en una entrevista:

—Isabel, ¿te volverás a casar otra vez? ¿Te casarás por tercera vez?

—Creo que la tercera es un poquito demasiado. Pero también digo que nunca puedes decir sí o... que no.

—Pienso, Isabel, que sería bueno conocer de una vez por todas esa verdad que tú escondes.

—La verdad es que hay cosas que no quiero que se sepan.

—¿Te gustan los políticos?

—A mí lo que me encanta es la gente trabajadora, honesta, verdadera, aquella que te enseña algo. Si la hay en política, que la hay, claro que me interesa.

Aunque a ustedes les cueste creerlo, esta entrevista fue publicada el 19 de febrero de 1983. Y ese político tenía nombre y apellido: se llamaba Miguel Boyer, entonces todopoderoso ministro de Economía y Hacienda del gobierno socialista de Felipe González. Fue su hombre y su amor perfecto. Han sido 25 años de «mucho amor» (Isabel *dixit*).

En unas declaraciones exclusivas a *Vanity Fair* en el mes de mayo del año pasado, Isabel no solo respaldaba el contenido del libro de Alfredo Fraile, *Secretos confesables...* sino que, por primera vez, hablaba como no lo había hecho nunca de sus tres maridos, «que se han portado bien. El que más, el marqués de Griñón. Del fin de este segundo matrimonio, la culpa no fue exactamente de Carlos, fue mía. Lo sentí mucho, pero me enamoré de Miguel Boyer, que me fascinó. Era muy brillante y tenía mucho sentido del humor».

Pienso que Isabel se enamoró también de su inmensa cultura y del inmenso poder que entonces tenía. Han vivido una hermosa historia durante más de veinticinco años. Los primeros, de manera clandestina.

Según Galiacho, Isabel intentó mantener a sus cuatro hijos fuera de todo el tsunami social que se había formado con las separaciones del marqués y sus relaciones sentimentales con Miguel Boyer. Así se lo confesaba ella misma a Juan Cruz en *El peso de la fama*:

En los momentos malos, como fue mi separación de Carlos Falcó, siempre he intentado llevar mi vida fuera de esa locura. Siempre he intentado tener serenidad, los pies en la tierra, serenidad para tomar decisiones, intentar que mis hijos no supieran esas cosas. Enrique me dijo hace poco: «Mami, yo me acuerdo cuando éramos pequeños, y, en todas las cosas duras que ha habido, siempre has conseguido que no sufriéramos. Me acuerdo de cuando te separaste de tío Carlos, nos mandaste fuera, a la casa de una amiga, al campo. Y yo volví a casa y había muchísimos periodistas y pregunté "mami, ¿qué pasa?", y tú me decías "no te preocupes, Enrique, no te preocupes, no va a pasar nada". Siempre nos intentabas mantener lejos del acoso». Y era verdad, yo siempre los tenía lejos del tumulto. Antes pensaba bien de la gente, pensaba bien por naturaleza... Tienes que estar muy atenta y prepararte para muchos golpes que te da la gente y que no te esperas.

Si la primera boda de Isabel, el 20 de enero de 1971, con Julio fue pública, con prensa, luz y taquígrafos, y la segunda, el 23 de marzo de 1980, con Carlos Falcó, familiar en la finca de los marqueses de Griñón, la tercera, el 2 de enero de 1988, íntima y además en el Registro Civil de Madrid, en el edificio judicial de la calle Pradillo, en un sábado, un día inhábil para celebrar casamientos. Ofició el juez José María Ferrer de la Puente, que tardó en casar a tan importantes novios solo quince minutos.

Miguel e Isabel, saliendo del Registro Civil de Madrid, convertidos en marido y mujer.

Como es obligado en este tipo de ceremonias civiles en las que no hay padrinos, estuvieron presentes dos testigos de muchas campanillas: José María Amusátegui, viejo y gran amigo del novio, y Margarita Graciela Vega-Penichet y López, cómplice de todos los matrimonios de Isabel. Aunque fue una ceremonia civil en un marco tan vulgar como el de los juzgados de la calle Pradillo, no por eso la novia dejó de aparecer con la elegancia que la caracteriza: traje de chaqueta negro ribeteado en piel del mismo color, con falda de vuelo a la altura de la rodilla, de la firma Dafnis, de su amiga María Rosa Salvador. Las pieles, de otra gran amiga, Elena Benarroch, quien viste siempre a las damas más importantes del PSOE.

Pocos fueron los reporteros que acudieron a la puerta del juzgado, pero muchos se concentraron en la calle Arga, 1, la casa sobre la que se dirigían todas las miradas de España en los últimos tiempos. Aunque a Miguel no le gustaran mucho los fotógrafos, posó con paciencia y con la mejor cara que pudo en uno y otro lado.

En el interior de la residencia, el nuevo hogar del matrimonio Boyer-Preysler, se encontraban todos los hijos de Isabel, que habían llegado a Madrid a pasar las fiestas navideñas. También Tamara, que tuvo el detalle de preparar una tarta nupcial rematada con la pareja de novios.

Desde ese momento, Isabel se convertía de nuevo en una mujer casada. Ella aportaba cuatro hijos: Chábeli, Julio José y Enrique, de Julio Iglesias, y Tamara de Carlos Falcó; él, dos, Miguel y Laura, de su anterior matrimonio con la ginecóloga Elena Arnedo. El 18 de abril de 1989 nace Ana, quinto hijo de Isabel y el tercero de Miguel, que ya era... abuelo de dos nietos. La nueva madre tenía... treinta y ocho años. El parto, prematuro pero sin complicaciones, fue asistido en la clínica Rúber Internacional por el ginecólogo Eduardo García del Real.

La alegría dura poco, incluso en casa de los ricos, porque diecinueve días después, concretamente el 7 de mayo, fallecía el padre de Miguel, José Boyer Ruiz-Beneyán, un viejo republicano, ingeniero funcionario del gobierno español de la Segunda República, que había huido de la España franquista a San Juan de Luz, donde nació Miguel, el 5 de febrero de 1939. Miguel, que siempre fue agnóstico, protagonizó una extraña escena cuando, al entrar en la capilla ardiente, observó que alguien había colocado entre las manos de su padre un crucifijo. Tras preguntar quién, se lo quitó y lo arrojó al suelo.

Pero volvamos a la pequeña Ana a quien un sacerdote, Manuel Torres, se negó a bautizarla. No porque su padre no fuera creyente y agnóstico, sino porque Isabel pretendía que la ceremonia del bautizo se celebrara en la villa que había alquilado en la Costa del Sol. Pero el párroco de Nueva Andalucía se negó. Al parecer, el obispo tenía prohibido celebrar bautizos fuera del templo. (Algo parecido me sucedió, pero judicialmente, cuando pretendí, para defender una exclusiva, en la boda de Carmen Sevilla, que el juez —en aquel caso una jueza—, le casara en la finca de un amigo, el marqués de las Amarillas, en Arcos de la Frontera. Al igual que Isabel habló con el obispo de Málaga o lo hizo el sacerdote, yo recurrí incluso al ministro de Justicia, Fernando Ledesma, para que autorizara a la jueza a salir del juzgado. Y me contestó lo mismo que a Isabel: «Elegid la hora e incluso cerrad el juzgado al público. Pero siempre dentro del juzgado»). Ana fue finalmente bautizada en Madrid, el 1 de febrero de 1990.

TERCER MARIDO, TERCER HOGAR

Como ya hemos ido explicando, Isabel vivió en varios lugares distintos, desde que llegó a Madrid en enero de 1969. Los padres, señores Preysler, habían decidido alejarla de Manila, de Lovie Ismael, su primer novio, pero sobre todo de Juny Kelew, un *playboy* quince años mayor que ella, y eligen que vaya a Madrid, donde residía la tía Tessy Arrastia, hermana de su madre y pareja del embajador Miguel Pérez Rubio. Se trataba de una pareja que había roto sus respectivos matrimonios en la estricta Manila, para trasladarse a España, fijando su residencia, sin estar casados, en un espléndido piso de la avenida del Generalísimo, número 151 —hoy paseo de la Castellana—, donde la acogieron como a una hija. Isabel acababa de cumplir 18 años.

El segundo domicilio madrileño de Isabel, en 1970, sería un apartamento en la calle del Profesor Waksman, junto al estadio de los amores y los dolores de Julio, el Bernabéu.

El tercero fue el piso en el número 31 de la calle San Francisco de Sales en el año 1971, ya casada con Julio. Al separarse, este le deja el piso que Isabel vende para comprarse, el 1 de junio de 1979, Arga, 1, en El Viso, y que se convertiría en la casa más famosa de España.

En julio de 1988, Isabel legaliza la escritura, a su nombre, del que sería su cuarto hogar, para vivir con su tercer marido. También lo será para el cuarto, Mario Vargas Llosa.

Todas las casas han estado siempre a nombre de ella, menos la de San Francisco de Sales. Se lo explicó la propia Isabel a Lourdes Garzón: «El mérito de la gestión de mis divorcios ha sido de mis maridos, porque se han portado como unos señores. Reconozco que nunca nos peleamos por la parte económica, y eso cuenta mucho. También reconozco que nunca me peleé por la parte económica, y eso cuenta mucho más. Además, yo tengo demasiado amor propio y siempre he pensado que podía y debía salir adelante sola».

De todas las casas madrileñas de Isabel, solo la de Puerta de Hierro puede considerarse «mansión», ya que ocupa 2.000 metros cuadrados en una parcela de 5.045 metros, con entradas por dos importantes calles: avenida Miraflores, número 36, y la de atrás, Guisando, número 15. De estilo neoclásico, tiene dos plantas, más sótano y garaje. Numerosas habitaciones, entre ellas una magnífica biblioteca de 65 metros cuadrados y tantos baños que la prensa la bautizó con el apelativo de «Villa Meona». Al parecer no tenía 16 cuartos de baños, como contaba la prensa, sino... 13, como aclaró Miguel Boyer.

El interior de la mansión se conoció, primero, por los planos publicados en la revista *Tribuna* que dirigía mi amigo Julián Lago, desgraciadamente desaparecido en extrañas circunstancias. Al parecer, le fueron facilitados por José María Ruiz Mateos, que por aquel entonces ya había iniciado una despiadada guerra personal y mediática contra Miguel Boyer, y también contra Isabel, por la expropiación de Rumasa, a lo largo de los años 1988, 1989 y 1990, con aquello de «¡Qué te pego, leche!», o el tortazo a Isabel de Paloma Ruiz Mateos y otros intentos de agresiones a los dos.

Volviendo a la casa, Miguel, siempre tan frío y controlado, se equivocó saliendo al paso de la publicación, por parte de Lago, para «desmentir y matizar toda suerte de detalles» sobre la mansión de Puerta de Hierro. También se equivocó Isabel en el otoño de 1992 publicando en su revista de cabecera, *¡Hola!*, un gran y amplísimo reportaje sobre la mansión de Puerta de Hierro, que se volvió contra Miguel por parte de sus antiguos correligionarios de partido, que no entendían que un político de izquierdas viviera con tantísimo lujo y ostentación.

Puerta de Hierro, junto a La Moraleja y La Finca, El Soto, el Encinar de los Reyes, El Viso, Somosaguas y Conde de Orgaz, es una de las más exclusivas urbanizaciones de Madrid. Todas ellas, unas más que otras, representan el paraíso del lujo y la exclusividad, donde se concentra el mayor número de *celebrities* por metro cuadrado. Aunque La Finca, en Pozuelo de Alarcón, ha logrado destronar incluso a La Moraleja, carece de glamour. Donde esté Puerta de Hierro, que se quite lo demás. Se trata de la urbanización por excelencia.

Toma el nombre por la gran puerta de piedra blanca, granito y hierro realizada en 1753, durante el reinado de Fernando VI. En 1991 fue demolida y trasladada piedra a piedra a un islote en la confluencia de las carreteras A-6 y M-30, y más conocida por la de «La Coruña». Mientras La Finca parece la reserva oficial de los jugadores del Real Madrid, tan horteras ellos, Puerta de Hierro albergó a personajes de la élite más élite de Madrid: entre ellos, el conde de Barcelona cuando regresó de su exilio portugués de Estoril, y viven todavía su hija, la infanta Pilar, la familia Hachuel, Marc Rich o el banquero Jaime Argüelles.

EL PRIMER HOMBRE QUE LA «ABANDONA»

El 29 de septiembre de 2014, día de San Miguel, se producía un hecho insólito en la vida de Isabel: el hombre que le había amado durante veinticinco años la abandona por una cita ineludible.

Consciente de que lo de Miguel era irreversible y que ya no estaba, al menos el hombre del que se había enamorado hacía 25 años, desde el 27 de febrero de 2012, día en que Miguel sufrió un ictus del que no se recuperaría jamás. Muchos se sorprendieron al ver a Isabel tan serena, tan simpática como siempre y tan activa. Y es que ya había llorado todo lo que una mujer que pierde al hombre que tanto amaba puede llorar. Y, si no lloraba, es porque ya no le quedaban lágrimas.

Desde ese trágico día del mes de febrero hasta que Miguel se fue definitivamente, dos años y medio después, Isabel asistió, aparte de a la boda de su hijo Julio José, a la inauguración de la nueva tienda de Porcelanosa en Manila, a la graduación de Ana, la hija de ambos, en Comillas, estuvo en Londres durante la reunión anual de Porcelanosa con el príncipe Carlos, y se trasladó hasta México para la inauguración de un museo. Así, mientras Miguel se iba poco a poco, Isabel, haciendo de tripas corazón, y con este encogido, se comportaba como una viuda blanca.

En unas declaraciones a Virginia Drake para *Mujer hoy*, el 6 de febrero de 2016, Isabel reconoce:

> Yo me quedé casi viuda cuando Miguel tuvo el ictus. El vacío que sientes en el luto lo tuve desde que Miguel enfermó. Todo eso duró dos años y siete meses. La pérdida no llegó con su muerte, sino bastante antes, cuando cayó enfermo y Miguel ya no era el mismo Miguel... Fue una etapa muy dura. Muy difícil. Tu vida da un giro de ciento ochenta grados en un segundo. ¡Es un *shock*! Yo me despertaba por las mañanas y no quería levantarme de la cama. Cuando pasó lo de Miguel yo le daba vueltas y vueltas a la cabeza tontamente. Si el ictus me hubiera dado a mí, no se hubiese perdido gran cosa. Pero que le pasara a él, fue tremendo. Miguel se convirtió en otra persona. Antes era un hombre con una inteligencia superior, brillantísima. Me preguntaba qué me podría pasar peor que aquello...
>
> Recuerdo haber hablado sobre esto hace muchos años con él. Una vez le dije: «He tenido mucha suerte en la vida. He sido una privilegiada y creo que puedo aguantar todo lo que la vida me mande. Todo menos la muerte de un hijo». Y Miguel me contestó: «Estás equivocada. Estamos hechos para poder aguantar también eso».

Y hablando precisamente de hijos, el 3 de noviembre de 2012, cuando Miguel se encontraba ya muy, muy enfermo, se celebraba la boda de Julio José con la modelo belga Charisse Verhaert. Ese día se reunió toda la familia en la finca El Rincón, en Aldea del Fresco que, ¡oh, casualidad!, era propiedad de Carlos Falcó, marqués de Griñón. Resulta curioso que más o menos presentes en esta boda estaban los tres maridos de Isabel: Carlos, que no acudió por razones obvias, pero puso el escenario para la ceremonia, Julio Iglesias, padre del novio, y Miguel, que hizo un supremo esfuerzo para acudir al enlace y lucir la mejor de sus sonrisas.

Pero el 29 de septiembre de 2014 ya no pudo más. Y ese día, concretamente ese, abandonaba a Isabel porque tenía una cita ineludible, aunque aplazada durante dos años y siete meses, con la muerte.

La víspera de la muerte de Miguel decidieron celebrar «por adelantado» su santo, por aquello de que su hija, al ser lunes, tenía que trabajar. Fue simplemente una cena familiar. Miguel ya no estaba para fiestas. Según contó la revista *¡Hola!*:

> Miguel se despertó respirando agitadamente. Al verlo así, Isabel decidió trasladarlo inmediatamente a la Ruber, a solo cinco minutos de la casa. Aún en camisón, le acompañó hasta el coche. Fue la última vez que lo vio vivo. Cuando ella llegó al hospital, Miguel ya se encontraba inconsciente en la UVI. Los médicos le pidieron que saliera. No era aconsejable su presencia allí en esos momentos. Pasados unos minutos Isabel quiso volver a entrar de nuevo. Y de nuevo el médico le dijo que ya no había nada que hacer. Miguel había muerto. Una embolia pulmonar había acabado con lo que quedaba de él.

Según reconoció Isabel, «los últimos años, aunque duros, no me había preparado para lo peor». Para eso nadie está preparado. Nadie está preparado para ese momento.

Virginia Drake le hace la pregunta que todo el mundo tenía en mente: el poco tiempo transcurrido entre la muerte de Miguel y la aparición de Mario Vargas Llosa en la vida de Isabel: «Es verdad que puede que haya sido un poco pronto. Es posible, sí. Pero ese momento de enamorarte no lo escoges tú. Ocurrió, yo no lo planeé. Lo aseguro. Simplemente ocurrió. Y estoy encantada de que haya ocurrido».

EL SEGUNDO COMUNICADO DE ISABEL

El primer comunicado que Isabel hizo público en su vida fue el 21 de julio de 1978, el de su separación de Julio Iglesias. Era un comunicado conjunto en el que se informaba de la determinación a la que libremente habían llegado de separarse. Lo hicieron con setenta y dos palabras.

El segundo, mucho más dramático, la muerte de Miguel. Isabel lo hacía con ciento una palabras. Y decía así:

Quiero agradecer muy sinceramente a los distintos medios informativos, y a tantos buenos y queridos amigos y periodistas, el respeto y el afecto con el que han tratado la figura de mi marido, Miguel Boyer.

No olvidaré nunca esta actitud, que ha sido un motivo de consuelo en estos momentos tan tristes y difíciles para mí y para toda nuestra familia.

También quiero agradecer profundamente las muestras de cariño de tantas personas anónimas que se han dirigido a nosotros con palabras que nos han emocionado.

Siempre tendremos presente el cariño que hemos recibido en estos días.

Gracias, de corazón, a todos.

Firmado, ISABEL PREYSLER

LOS DINEROS DE ISABEL

Isabel es una máquina imparable de hacer dinero, como el rey Midas. Todo lo que toca lo convierte en oro. Ella ha dado con la clave de un triunfo que no solo debe a sí misma, sino a su inteligencia, a su forma de ser en cada pequeño detalle y casi sin darle importancia, como la cosa más natural del mundo. Ella sabe lo que vale su imagen, su presencia, su nombre. No ahora, sino desde hace muchísimos años. Sin ir más lejos, aunque ya ha pasado tiempo, el 16 de febrero de 1986 Isabel registró en el Ministerio de Industria su nombre y apellidos, así como el de su hija Chábeli, en el Boletín Oficial de Propiedad Industrial. Se trata de un departamento que protege marcas y otros signos distintivos, patentes y modelos de utilidad, así como diseños industriales. Al registrarlo, permite hacer un seguimiento completo y tener una protección jurídica sobre el tema. Con ello, quería evitar que se repitieran casos como el de una zapatería enclavada en el madrileño barrio de Chamberí. A su avispado propietario no se le ocurrió otra cosa que rotular su establecimiento con el nombre de «Chabeli's».

Una medida muy acertada, por lógica y que habla por sí sola de la inteligencia de Isabel, consciente de la fuerza de captación de su nombre. Tanta tenía y sigue teniendo que las empresas de las que ella era y es imagen, y de las que hablaremos más adelante, anunciaban, previamente, la inserción televisiva de Isabel como si de programa estrella se tratara.

Indudablemente la situación económica de Isabel ha estado siempre enormemente saneada. Aunque parezca increíble, no durante su matrimonio con Julio Iglesias, sino a partir del divorcio, y no porque la indemnizaran, que en esto ella ha tenido mucha dignidad, sino por la rentabilidad de su nombre y de su imagen, en *¡Hola!* primero y en Porcelanosa después.

Una elocuente prueba del poder económico que Isabel empezó a tener es su declaración a Hacienda en el año 1986: cerca de 23 millones de pesetas brutas, al margen de las deducciones a que pudiera haber lugar, es lo que pagó a la Hacienda pública ese año.

Entre las muchas actividades que Isabel ha venido desempeñando desde 1983 en que la contrata Manuel Colonques como imagen de Porcelanosa, hasta hoy con Pronovias, pasando por Suárez y Rabat joyeros; Ferrero Rocher, chocolate; marcas de automóviles y otras firmas, hubo una actividad insólita y sorprendente: la de reportera, la de entrevistadora de famosos en el mundo entero para la revista *¡Hola!*. Ello le permitió, no solo ganar un buen dinero (un millón de pesetas de la década de los ochenta por cada entrevista), sino «enfrentarse» con su primer ex marido, Julio Iglesias, y conocer —esto es lo importante, sorprendente e insólito—, conocer a quien sería su última pareja (hoy por hoy), Mario Vargas Llosa, hace nada menos que más de treinta años.

Por lo interesantes y curiosas que pueden ser para el lector, vamos a reproducir aquí estos documentos, empezando por el de Julio, aunque antes explicaremos por qué yo fui uno de los protagonistas de esa entrevista.

CUANDO YO HICE LLORAR A ISABEL

Mi salida de la revista *¡Hola!*, después de 22 años como redactor jefe, fue traumática y dejó en el corazón una herida que tardaría años en cicatrizar. La culpa la tuvo, entre otros muchos sucesos que no vienen al caso (este libro no es sobre mi vida, sino la de Isabel), una entrevista con la señora Reagan, en la Casa Blanca, y que apareció publicada en el número 2.074 de *¡Hola!*, el 17 de mayo de 1984. Me la «robaron» en mi propia casa profesional.

Ni pedí ni acepté explicación. Me di por vencido y decidí marcharme de *¡Hola!*, que no solo había sido mi lugar de trabajo durante más de dos décadas, sino también mi segundo hogar. Durante todo este tiempo formé parte de aquella familia, con todas las ventajas y todos los inconvenientes y servidumbres. Reconozco que la guerra había sido desigual. Resultado, el previsible. En la revista no cabíamos los dos: yo y el hijo del dueño y heredero, como tal director, cuando su padre falleció, el 28 de febrero de 1984. Si alguien tenía que irse, no existía la menor duda de quién. Lo hice por dignidad. Yo siempre he tenido un concepto muy acusado de la dignidad, no solo de lo profesional, sino sobre todo de lo personal. ¡Que Dios me la conserve, pero no me la incremente! Vivir con tanta dignidad es muy duro.

La compañera hoy en *El Mundo*, Carmen Rigalt, recogía el 31 de mayo de 1984 mi marcha de la revista en su columna de *Dia-*

rio 16 con las siguientes palabras: «Hoy, justo tres meses después de la muerte de su propietario y director, Antonio Sánchez Gómez, Jaime Peñafiel, durante veinte años el *alma mater y pater* de la revista *¡Hola!*, hombre discreto y pacífico, justifica su marcha alegando incompatibilidad de caracteres y simple ejercicio de la dignidad personal y profesional. Hola y adiós».

Si ese día de mayo me habían «robado» una gran entrevista a la primera dama de Estados Unidos, cinco meses después, en el mes de octubre de ese año 1984, yo «robaba» otra entrevista, la primera que Isabel Preysler realizaba como improvisada reportera a su ex marido Julio Iglesias. Se trataba de algo excepcional en que el cantante respondía a las preguntas de la mujer que mejor le conocía... hasta entonces. O creía conocerle.

El lector posiblemente no entienda lo que está leyendo. Con lógica aplastante se preguntará cómo sucedió tal cosa. Tras el éxito de las «memorias» de Isabel, publicadas en *¡Hola!*, el director, Eduardo Sánchez Junco, le ofreció la oportunidad de realizar entrevistas a personajes famosos del mundo entero, actores, actrices, políticos, escritores... a millón de pesetas de la época, que era un pastón.

Isabel se enfadaba cuando nadie creía que no tuviera un ayudante, un negro. «Yo sola. Y no sabes lo que me costaba preparar las entrevistas. Me estudiaba el personaje, lo intentaba hacer lo mejor posible, y no me creía nadie», le declararía a Virginia Drake.

Por el magnetofón de la marquesa de Griñón, que lo era entonces, pasaron: Paul Newman, Clint Eastwood, Gregory Peck, Richard Chamberlain, Yves Montand, Farrah Fawcett-Meyer y Robert Redford. Precisamente a este actor la improvisada reportera, Isabel Preysler, le preguntó si algún día pensaba dirigir películas. Al parecer, a ella se le había pasado o ignoraba que el famoso actor californiano también había dirigido varias películas.

Estupefacto y desagradablemente sorprendido por tal ignorancia, le respondió: «Yo ya voy por la tercera, señora».

Pero la primera gran entrevista fue, repito, con Julito. Por un motivo muy especial y muy sórdido de *¡Hola!*: vengarse, no tanto de mi marcha de la revista, sino de la salida de una publicación del grupo Zeta, *La Revista*, de Antonio Asensio, dirigida por mí y como competencia directa a la publicación en la que yo había trabajado durante tantos años hasta convertirla en «la revista de Jaime Peñafiel». Hay que reconocer que esto no era positivo para *¡Hola!*, cuando lo importante no solo son los hombres y mujeres que trabajan para una empresa, sino la imagen de esta. Por ello, y con toda la razón empresarial, se decidió cortarme las alas. ¿Cómo? Ya habían intentado matarme profesionalmente, y no lo habían conseguido, así que ahora buscaron hacer daño a la revista. Y qué mejor manera de hacerlo que sacar, el mismo día que aparecía por primera vez la revista, un *scoop* con el que no se pudiese competir: «Isabel entrevistando a Julio Iglesias».

Para que no se filtrara la noticia, se tomaron todas las medidas de seguridad con el fin de que nadie lo supiera. Aunque la entrevista se hizo en Miami, donde Julio vivía, no fue en su mansión de Indian Creek, sino en la casa de su hermano Carlos Iglesias, próxima a la del cantante.

Para completar la información que, por el mismo Julio yo tenía (no olviden que hacía solo unos meses había sido el padrino de mi boda en su propia casa en Indian Creek de Miami), envié a un redactor de *La Revista*, que me tenía informado de todo lo que estaba sucediendo en torno a la entrevista que Isabel iba a realizar a su ex marido Julio Iglesias.

Además, recurrí a un sistema casi delictivo: el espionaje industrial, comprando a un empleado desleal de la imprenta, que me facilitaba el texto de la entrevista de Isabel al tiempo que Regine, amiga de Julio y también mía, me hacía llegar las fotos del reportaje, realizado por un fotógrafo francés conocido suyo.

La trágica muerte de Paquirri retrasó la salida de *¡Hola!*. Yo aproveché para sacar la entrevista que había robado a *¡Hola!*, como esta me robó a mí la de la señora Reagan. Cuando Isabel la vio publicada, rompió a llorar desconsoladamente, y con toda la razón. ¡Había puesto tanta ilusión en su primer trabajo como entrevistadora y además... con Julio!

Durante años no me lo perdonó. Tampoco Eduardo Sánchez Junco, que pudo haberme llevado a los tribunales por aquella actitud cuasi delictiva. Años después, y antes de fallecer el 14 de julio de 2010, tuvo el gesto generoso, que siempre le agradeceré, de buscar la reconciliación por medio de José Bono, entonces ministro de Defensa y amigo común. En el despacho del ministerio y luego en el comedor privado del ministro, nos dimos un emocionado y prolongado abrazo, bendecido por Bono. Esta es la infrahistoria de aquella entrevista que reproducimos a continuación.

LA POLÉMICA ENTREVISTA QUE ISABEL LE HIZO A JULIO EN MIAMI

Lo explica ella misma en la introducción a las nueve páginas, ¡nueve! que dedica a aquel encuentro fallido. «Hace ya algún tiempo decidí empezar a trabajar en una actividad para la que tuviese una cierta facilidad y, desde luego, que me interesara. Escogerla no ha sido fácil porque, por un lado, he dudado entre ofertas muy diferentes que se me han hecho y, por otro, doy muchas vueltas a las cosas antes de tomar una decisión, y esta para mí era muy importante. Por último, me convencí de que el trabajo más atractivo y que me hacía más ilusión era realizar una serie de entrevistas a personas muy conocidas, variadas en cuanto a su origen, profesión o actividad y que han llegado a la celebridad, por muy diversas circunstancias. La razón por la que este trabajo me atrae más que otros es que siempre me ha apasionado descubrir la verdadera identidad de las personas, lo que tienen de más valioso como seres humanos, aquello que quienes han llegado a ser famosos y a interesar a la gente esconden, casi siempre cuidadosamente.

»Sé que es un objetivo difícil, pero quizá pueda dar una visión de los entrevistados desde un ángulo distinto, que tal vez pueda interesar a los lectores. Si lo consiguiera, aunque fuera en pequeña medida, me daría por satisfecha.

»La primera persona que he entrevistado es Julio Iglesias,

que fue mi marido durante siete años y medio y es el padre de tres de mis hijos. Un amigo periodista me comentó que sería para mí, sin duda, la entrevista más difícil. En un sentido no es cierto, porque no tenía que documentarme ni que hacer grandes esfuerzos para intuir el fondo de la personalidad de Julio, y por la amistad y confianza que nos sigue uniendo.

»Su casa en Miami era en esos momentos un maremágnum de periodistas, fotógrafos y equipos de televisión de varios países. Empezaron a ocuparle la casa la víspera, antes de la llegada de Julio, cuando yo me encontraba tranquilamente en compañía de mis hijos. Comprendí que Julio se había convertido en una figura de dimensiones universales, rodeado en todo momento por multitud de personas, y que en ese entorno resultaba imposible realizar la entrevista que tenía pensada.

»Decidimos hacerla en un ambiente tranquilo y natural, y una vez descartados tanto su casa de Indian Creek como el hotel donde me alojaba, pensamos que el lugar más apropiado era la casa de su hermano Carlos y Mamen, a los que me sigue uniendo un gran cariño.

»Encontré a Julio relajado y con buen aspecto, a pesar de la agotadora gira que venía realizando por Estados Unidos. Iba vestido como de costumbre. Observé que no llevaba siquiera reloj. Julio nunca fue partidario de llevar cadenas, anillos, etc., sencillez que parece haber ido aumentando con su fama.

»Como siempre, estuvo cariñoso y lleno de sentido del humor, hasta el punto de que tuvimos muchas ocasiones de reír juntos a lo largo de la entrevista. Es un hombre enormemente atractivo, mucho más que hace unos años cuando era más joven. Su mirada tiene un aire pensativo. Su atractivo aumenta cuando durante la conversación, de pronto, sonríe levemente. Y este es el resultado exacto y literal de mis preguntas y sus respuestas:

—Julio, ¿qué diferencia hay entre el Julio de ahora y el que conocí hace años?

—¿Hace cuántos que me conociste?

—Quince años.

—¿Quince? Más... bueno, la diferencia lógica de dos personas que crecen.

—No, lo tuyo ha sido un cambio muy grande.

—Artísticamente ha sido un cambio grande, por supuesto.

—¿Y como persona?

—Como persona, no, esencialmente soy la misma con quince años más.

—Sí, ¿tú crees?

—Sí, igual que tú.

—¿Es verdad que vas a casarte pronto?

—¡No! —responde rápidamente.

—Pero ¿tú crees que eres hombre para estar casado?

—Bueno, creo que soy hombre. Ahora, para estar casado, no sé. Para estar casado ahora, no, casarse es una emoción que tiene que surgir, y si surge, te casas, pero en estos momentos no tengo esa emoción.

—Pero ¿dónde quieres llegar de verdad, Julio?

—¡Ah!, si yo supiera dónde quiero llegar, no tendría aún el privilegio de seguir soñando, ni el privilegio de sorprenderme; no sé dónde quiero llegar, quiero sorprenderme, a ver qué llega.

—¿Te imaginabas este éxito? ¿Qué es lo que sientes?

—Jamás me imaginaba este éxito, y siento un profundo orgullo como profesional, que es uno de los defectos que en la profesión no son defectos, sino virtudes. El orgullo es defecto en el amor, pero no lo es en tu profesión.

—Vamos a ver, Julio, ¿cómo ves a tus hijos?

—Los veo como hijos, primero.

Julio e Isabel durante la entrevista excepcional que ella le hizo en Miami para *¡Hola!*, de la que fue portada el 20 de octubre de 1984.

—Pero háblame más de ellos. ¿Cuál de ellos crees que es el más parecido a ti?

—El que más se parece a mí yo creo que es Enrique.

—Yo también. ¿Te gustaría tener más hijos?

—Es una pregunta que aún no me he hecho; aunque se trata de una decisión emocional, en este caso la emoción va a tener que estar más cercana a la cabeza. Es decir, tendría que ser una combinación de cabeza y sentimientos, porque la primera emoción ya la tuve teniendo tres hijos y la segunda aún no la tengo, así es que tiene que producirse una combinación perfecta entre lo que yo desee y, si me caso en alguna ocasión, mi sentimiento.

—Y a Chábeli, ¿cómo la encuentras ahora que se está haciendo mujer?

—A Chábeli, yo la quiero tanto que... que no soy capaz de juzgarla, porque no tengo capacidad de juzgar a mi hija.

—Pero ¿te gusta como es?

—Pienso que, de mis tres hijos, la que tiene los gustos más parecidos a mí es Chábeli; el que se parece físicamente más es Enrique; y el que es una incógnita para mí es Julio, porque... es carismático, rápido, pero... aún no le conozco bien.

—Julio es más parecido a su madre.

—¿Sí?

—Pero Chábeli es mucho más parecida a ti.

—Lo dices por el carismático, ¿no?

Volvemos a reír, yo sonrío, y él, a carcajadas.

—No, lo digo porque es así. En cambio, Chábeli es de carácter mucho más como tú. Oye, ¿qué te parece Tamara?

—¡Ah! Me parece que es un encanto, aparte de que es una cría que... tú sabes la diferencia entre los cuatro hijos que tienes, de los que tres son míos: es que los tres últimos son más «callejeros».

—¿Más callejeros? ¿Qué quieres decir con esto?

—Que son como... perros de calle, no son perros cuidados.

¿Julio, Enrique y Tamara?

—Sí. Se nota que son callejeros, se nota que han crecido más independientes, menos mimados, menos hijos de papá y mamá.

—Están muy compenetrados Julio, Enrique y Tamara, de carácter y de todo.

—¡Son callejeros, se encuentran en la calle todos los días los tres! Eso es bueno.

He creído oportuno cambiar de tema. De lo personal a lo profesional.

—¿Te sientes solo a veces, Julio?

—Isabel, la contestación a esa pregunta la sabes tú mejor que nadie. Yo he sido siempre un solitario, ¿lo sabes? Un solitario acompañado.

—Bueno, pero tú, ¿aunque estés acompañado, te sientes solo?

—Yo me siento solo a ratos, porque la soledad que tengo es una soledad en libertad; es decir, yo provoco mi soledad, no me la provocan.

—¿Qué piensas de lo que dicen de ti? ¿Te preocupa?

—Hasta hace tres meses, sí.

—¿Y por qué hasta hace tres meses?

— Porque ya encuentro lógico mi éxito en el sentido de que es el resultado de un esfuerzo, un trabajo continuo, entonces me hiere cuando se meten con las partes emocionales, pero cuando se meten con las partes artísticas, ya no me hiere nadie.

—Has tenido grandes amores últimamente, al menos eso dicen los periódicos. ¿Los sigues teniendo?

—Yo tengo que estar enamorado continuamente, porque, si no, no puedo ejercer de ser humano.

—Entonces ¿son grandes amores cada vez?

—Grandes amores... no diría yo tanto, ahora, pero son amores. El día que sea uno grande, me casaré.

—Julio, ¿qué es lo que más te gusta de una mujer?

—A mí lo que me gustaría en una mujer... Si me llegara a casar, es que tuviera lo que a mí me falta.

—¿Y qué es?

—Muchas cosas, puede ser la disciplina, no la disciplina de la voluntad, el orden.

—¿El equilibrio, por ejemplo?

—No, porque la parte mía de desequilibrio es la que más me hace creativo.

—Sí, eso desde luego. Entonces tú quieres una mujer para que te dé lo que tú no tienes.

—Yo quiero una mujer para todo, la verdad.

—¿No eres muy exigente?

—Es muy difícil a priori decir lo que yo quiero en una mujer, porque uno siempre se enamora de lo que parece más distante o más inasequible, pero, de todas maneras, en estos momentos ya no pienso que lo más distante y lo más inasequible sería lo que podría enamorarme.

—Oye, ¿qué sentiste al cumplir cuarenta años? ¿Y al cumplir cuarenta y uno?

—¡Lo mismo! No me di casi cuenta. Me aplauden tanto ahora, cuando estoy tan viejo, que me parece injusto.

—¿Hay algún secreto tuyo que yo no sepa?

—¡Muu...chos!

—Te advierto que yo me entero de muchas cosas sobre ti que ni imaginas...

—Pero una cosa es que te enteres por lo que te dicen y otra cosa es que te enteres por lo que ves.

—Sí, pero como te conozco muy bien, Julio...

—Pero has dicho que en quince años se cambia mucho...

—Oye, me han contado que te molesta que me llamen marquesa. ¿Es verdad?

—Yo pienso que tú no eres marquesa, Isabel, marquesa es un título que se hereda, no se adquiere.

—¡Por supuesto!, pero cuando te casas, lo llevas.

—¡A cuestas! —dice riéndose.

—Antes llevaba «señora de Iglesias», entonces ¿tampoco era señora de Iglesias?

— ¡Tú siempre has sido Isabel Preysler, gracias a Dios!

—¿Incluso cuando era señora de Iglesias...?

—Incluso, te lo confieso personalmente.

—Últimamente te has vuelto muy malhablado, Julio, ¿podrías estar un día entero sin decir un taco?

—¡Pues si es en México, me lo como!

—Pero aquí, un día normal, ¿podrías...?

—Es que los tacos son las expresiones más acertadas que tiene la lingüística, y mi lingüística es la española. El taco es periódico y constante. Es lógico.

—Pero antes no eras tan malhablado.

—Lo que pasa es que antes sabía menos gramática.

—Háblame de Alfredo Fraile. ¿Qué ha pasado?

—No ha pasado nada. La gente pretende hablar de divorcios, y yo nunca he estado casado con Alfredo. Él y yo somos amigos del alma, hemos trabajado juntos durante muchos años; yo le he ayudado mucho a él y él a mí. Y ahora cada uno trabaja por su lado, y los dos tan felices. Ellos tienen seis hijos que atender y tienen que atenderlos. Yo lo he comprendido perfectamente bien.

—¿Sigues tan celoso o has cambiado?

— ¡Lo soy más!

—¿Aún más que antes?

—Mucho más, porque tengo más que perder.

—¿A qué te refieres?

—En general.

—¡Explícate!

—En general, o sea, en todo, en los celos, cuando se nace con ellos, se desarrollan.

—Y con las mujeres, ¿sigues siendo celoso o has cambiado?

—En cuestión de celos ahora... soy más amplio; es decir, no estoy tan cerrado, o sea, que no tengo orejeras, y es que ahora veo hasta con la nuca.

Vuelvo a consultar mis notas. Julio está siendo espontáneo y sincero.

—¿Crees que salgo en las revistas solamente por haber estado casada contigo?

—No, no. Nadie sale en las revistas si no lo merece.

—¿De qué te arrepientes?

—De todo menos de haber nacido.

—¿De todo? Pero ¿por qué de todo?

—Porque si ahora naciera otra vez haría las cosas diferentes... No sé, el arrepentimiento es una cosa muy española, o sea, el *mea culpa*.

—¿Si escribieras tus memorias contarías alguna vez alguna cosa que nunca has contado y que solo sabemos tú y yo?

—¡No! No, no las contaría en la vida. No, no, no. Les tengo mucho cariño para contarlas.

—¿Cuál es la mujer que más te ha importado después de nuestra separación?

—Mi hija.

—¿Crees en el amor, Julio?

—Sí.

—¿Y crees que es posible una relación permanente entre un hombre y una mujer?

—Todo es circunstancial, las circunstancias cambian mucho, yo soy muy circunstancial, entonces yo no sé lo que es permanencia en los estados emocionales. No sé hasta qué punto puedo hablar sobre este tema. No soy un buen ejemplo.

—¿Y es por eso por lo que cambias tanto de mujeres?

—No cambio tanto como me cambian.

—¿Qué lugar ocupa el amor en tu vida?

—¿El amor por una mujer o en general?

—El amor por una mujer.

—Depende, Isabel, si es un amor que te mueve, como dice Dante Alighieri en *La divina comedia*, entonces lo cambio todo. Pero si no te mueve, todo queda en el mismo sitio. El amor profundo y fuerte, el único amor que existe es el que te cambia, el mutativo, el del dicho *l'amore muove tutto*, «el amor mueve todo». O sea, que si lo tengo alguna vez, cambiaré. Si no lo tengo, no cambiaré.

—¿Te has arrepentido alguna vez de no haberlo puesto en primer lugar?

—¿Me estás acusando?

—No, Julio, te estoy preguntando.

—Bueno, pues si me preguntas te diré que es una pregunta sin contestación.

—¿Qué pensarías y cómo reaccionarías si te enteraras de que uno de tus hijos fuma marihuana?

—¿Marihuana? Pues le preguntaría qué siente. Yo no puedo reaccionar contra lo inevitable; es decir, que si uno de mis hijos fumara marihuana, yo sabría que a esa edad la marihuana es incontrolable. Si son capaces de crear la dependencia, entonces estaría terriblemente apenado, porque a su padre, gracias a Dios, nada le ha controlado.

—¿Qué haces para escapar del mundo este irreal en que vives?

—Tú estás muy confundida. Yo pienso que mi mundo es muy real.

—¿No crees que es importante estar solo y poder pensar? ¿Tienes tiempo para hacerlo?

—Isabel, todo lo que yo he hecho ha sido meditado, pensado y ejecutado. No han sido palabras, sino hechos; así que no tengo más contestación que esa. A ver, ¡pregunta, pregunta!

Sé que tenía prisa, pero le encuentro tranquilo, cómodo.

—¿Has tenido algún fracaso amoroso en los últimos tres años?

—Todos.

—¡Anda ya!

—¿Qué es un fracaso amoroso? Yo, es que no sé lo que es un fracaso amoroso. Si es cuando una historia que empieza no termina, pues entonces he tenido muchos.

—¿Algún éxito que mereciera la pena?

—Ahora, como tengo más prisa que antes y menos tiempo, a lo mejor en el camino me ha dejado gente o he dejado a gente que mereciera la pena o que no la mereciera. No sé, no tengo contestación para eso. Seguramente las prisas me han hecho equivocarme en esta relación de amor.

—¿Qué mujer andas buscando?

—En primer lugar, esto no es una cacería, yo no estoy buscando.

—Pero da la sensación de que lo estás haciendo, y me parece normal.

—No, yo no; creo que cualquier profesional, cualquier persona que esté siguiendo mi vida artística se habrá dado cuenta perfectamente de que yo no estoy buscando a una mujer, de que yo lo que estoy haciendo es trabajar y cantar.

—¿Te reprochas algo de nuestro matrimonio, Julio?

—No, nada.

—Y a mí, ¿me reprochas algo?

—Nada.

—¿Y qué echas de menos de nuestro matrimonio?

—Vamos a ver... posiblemente la emoción, el sentido de la emoción; es decir... dos personas que al mismo tiempo se quieren casar, es emocionante convivir sin más razón que la de convivir por cariño. Ahora me costaría mucho más pensar que la convivencia sería posible solo por emoción.

—¿Qué piensas del divorcio, Julio?

—El divorcio es práctico.

—¿No quieres decir si crees o no en el divorcio?

—Cuando digo «práctico», admite todo.

—¿Hay algo más que quieras decirme?

—¡Que la entrevista ha sido preciosa, que eres una buenísima periodista y que eres muy lista! ¡Siempre has sido lista, Isabel!

—Aunque no pensaba hacerlo, terminaré con una sola pregunta que me han pedido hacerte: ¿Cómo me encuentras ahora, Julio?

—¿Que cómo te encuentro? Yo te encuentro mejor, mejor, mejor.

—¿Mejor?

—Mejor, mejor. La palabra «mejor» en general es una palabra bellísima. Y tú, ¿cómo me encuentras, Isabel? ¿Peor?

Nos reímos de buena gana, y yo le digo palabra a palabra, sabiendo lo que digo:

—Yo, Julio, también mejor. Siempre mejor.

Esta entrevista supuso un éxito editorial para la revista *¡Hola!*, tanto que casi anuló la otra gran noticia que recogía este número: Isabel Pantoja visitando, desconsolada, la tumba de Paquirri. Y es que Julio todavía era Julio, e Isabel, siempre Isabel. La entrevista mereció la pena. Y por ello también mereció la pena que yo la reprodujera en la publicación que dirigía, con todas las consecuencias. Lo que lamenté, y hoy al recordarlo lo lamento también, es el daño que le hice a Isabel. En verdad no se lo quería hacer porque ella no era la culpable de lo que me había sucedido a mí con la revista *¡Hola!*, pero me lo pusieron tan fácil...

Han pasado treinta y dos años. Esto puede ser una anécdota. Y pienso que Isabel me ha perdonado. Yo, es lo que deseo. No fue ni estuvo en mi intención hacerle daño, pero también entiendo toda la ilusión que ella había puesto en esta entrevista, cómo la había preparado y, como se ha visto con las preguntas, estaban muy pensadas y eran muy intencionadas. Julio mantuvo el tipo. E Isabel también. Posiblemente los dominó la emoción que les embargaba.

Como habrá advertido el lector, algunas preguntas llevaban una carga enorme, no de los sentimientos, sino de preguntas que habían quedado sin respuesta y que Isabel pretendía que, pasado el tiempo, Julio se las diera. Pero él estuvo en todo momento a la defensiva, aunque Isabel en ningún momento fue agresiva. Se mostró como lo que era y lo que es: una gran señora. Lo cierto es que, en aquel momento, ella estaba casada con el marqués de Griñón y Julio vivía en soledad. Tardaría muchos años en aparecer un nuevo amor. E Isabel posiblemente ya había empezado la cuenta atrás en su matrimonio con el marqués de Griñón.

TREINTA AÑOS ANTES

Fue en San Luis, Missouri, en junio de 1986. Se publicó en el número 2.187, de la revista *¡Hola!*, del 22 de julio de 1986, en cuya portada aparecía el bautizo del príncipe Philippos de Grecia; en una ventana, en la parte superior: «Boda civil de Miriam, hija de los marqueses de Urquijo y Dick». En la parte inferior, otras dos ventanitas: a la derecha, el rey y su hijo Felipe, con el siguiente texto: «Emoción en la entrega del despacho de alférez al príncipe»; a la izquierda, otra pequeña foto de Isabel Preysler entrevistando a Vargas Llosa, dentro de la serie de encuentros de la entonces marquesita de Griñón con importantes personajes internacionales.

La literatura fue, por supuesto, parte importante de esta conversación. ¿Quién iba a decir que aquella mujer, felizmente casada ella, y aquel hombre, también casado y con hijos, que se conocían gracias a esta entrevista hace nada menos que... treinta años, iban a reencontrarse tres décadas después, a enamorarse apasionadamente? Son los misterios de la vida, del amor, del destino.

Dicen que los amores del pasado vuelven cuando no se les espera. No es este el caso. Ni Mario ni Isabel se enamoraron en aquel primer encuentro profesional. No se trata de ese primer amor que todos hemos tenido y que siempre está ahí, y al que volvemos a veces con la imaginación.

La concepción de las emociones que las personas guardan es inescrutable. Increíble la historia de Mario y de Isabel. Gracias por compartirla. Que dos personas se miren después de treinta años, se emocionen, se acerquen y se enamoren, ¿no les hace sentir que no todo está perdido? Quizá no todo en la vida está planeado. Quizá, de vez en cuando, creer que las cosas sí pueden suceder crea un sentimiento exquisito e inquietante que muchos debieran probar. La historia de Isabel y de Mario es muy emocionante. ¡Maravillosa! Me encanta la emoción que ella está viviendo en estos momentos después de reencontrar el amor en su vida... Qué hermoso que ella pueda vivir esta historia de amor después de tanto tiempo, tantos amores, tantos dolores y tantos fracasos.

No importa si tuvieron o no contacto durante estos treinta años. Lo que vale es ese sentimiento que transmiten, tanto Isabel como Mario. Hay gente que lleva junta toda su vida y no son capaces de mirarse como ellos se miran hoy. Me gustaría saber qué sintieron cuando se abrazaron después de... treinta años. Posiblemente sus corazones respectivos latieron a mil por hora.

Lo importante aquí, en esta historia, es que ese reencuentro, después de tres décadas, puede generar este tipo de sentimientos.

Treinta años después, obviamente, el cuerpo ya no es el mismo. Él ahora cumple ochenta años. Tiene el cabello blanco, aunque conserva un cuerpo medianamente atlético. Ella, a pesar de toda la cirugía estética, tampoco es igual a aquella reportera que le entrevistó en Missouri, aunque sigue igual de hermosa, más madura. La vida le ha moldeado el carácter.

Merece la pena analizar tanto las preguntas que Isabel hizo a Mario, hace ahora exactamente treinta años, como sobre todo las respuestas.

André Gide escribió que «hay más respuestas en el cielo que preguntas en los labios de los hombres». En este caso de una mujer a un hombre. Un anónimo italiano dice que «el amor hace pasar el tiempo». Pero en este caso el tiempo no ha hecho pasar, si no el amor, que a lo mejor ni existía, sí el sentimiento que pudo despertar Mario en Isabel y que ha permanecido latente, escondido, replegado en el corazón. ¿De los dos? Seguramente porque, dondequiera que viva alguna cosa, hay abierto en alguna parte un registro donde el tiempo se inscribe.

Aquel encuentro de hace treinta años hizo su obra y levantó el vuelo dejando una semilla que ha ido fructificando con el paso de los años. Y, en contra de lo que suele suceder, el tiempo no ha borrado la huella de aquel encuentro. Alguien dijo que el tiempo no espera. No ha sucedido en el caso que nos ocupa. Ha esperado nada menos que ¡treinta años!

Partiendo de la base de que el principio de toda la ciencia es el asombro, me sentiría bien pagado con la lectura de esta magnífica entrevista si no hubiese aprendido nada más que a asombrarme. Porque a lo largo de toda ella nada asombra más que el propio asombro.

Analizando profundamente la entrevista, uno se sorprende y hasta se estremece cuando se encuentra, entre otras muchas, con la siguiente pregunta a ¡veinticuatro años! de que fuese una realidad, antes de que se produjera, el 7 de octubre de 2010:

—¿Te gustaría que algún día te concedieran el premio Nobel?

—Me parece que un escritor debe tratar de evitar pensar en el premio Nobel, porque es un pensamiento corruptor. He conocido a algunos escritores a los que la ambición, la tentación del Nobel llegó en cierta forma a estropearles la vocación: empezaron a escribir un poco en función de ese premio, y eso fue catastrófico para su trabajo.

—¿Y tú consigues no pensar en él?

—Sí, yo empecé mi carrera literaria con mucha suerte y gané varios premios que me hicieron una gran ilusión. Ahora, a medida que se siento más viejo o menos joven, me doy cuenta de que lo que más me importa es mi propio trabajo. El mayor premio para mí es acercarme al libro ideal que me gustaría escribir.

Desconozco si al hablar sobre el premio Nobel Isabel estaba pensando en Gabriel García Márquez, el «enemigo» profesional, e incluso «enemigo» personal de Mario, que lo había recibido cuatro años antes, exactamente el 8 de diciembre de 1982.

—¿Cómo ha cambiando con el tiempo tu relación con García Márquez?

—Mi relación personal con García Márquez era muy cierta. Éramos buenos amigos, y en un momento esa relación tan buena llegó a un alejamiento de disputas personales.

A lo peor Isabel desconocía los motivos. A lo mejor no quiso hurgar en la herida, ya que aquel enfrentamiento fue más personal que profesional. Por supuesto, nada que ver con su posición ideológica, de la que Mario discrepaba profundamente.

Existen dos versiones. Una de ella es que García Márquez, en Barcelona, hizo una aproximación a Patricia, la mujer de Mario. ¡Vamos, que quiso ligársela! La segunda versión, expuesta en un artículo por el periodista Juan Gossaín, del diario *El Heraldo*, de Barranquilla, dice así: «Vargas Llosa se dejó llevar por la ira al enterarse de que García Márquez y su mujer le habían aconsejado a Patricia separarse de Mario debido a que este sostenía un presunto y tórrido romance con una modelo norteamericana». Otra versión que circulaba es que se trataba de una joven sueca.

Como Isabel insistió sobre García Márquez, Mario le atajó diciéndole:

—Mi relación con la obra de García Márquez no ha cambiado y tengo un gran respeto por ello.

Por supuesto que le hizo la pregunta tópica a un escritor: pregunta que se mereció la respuesta del autor.

—¿Cuál crees que es tu mejor libro?

—Eso es como si le preguntas a un padre cuál es su mejor hijo. Es una elección difícil porque, aunque tengas tus preferencias, sientes escrúpulos en revelarlas. Si tuviera que destacar uno de mis libros sería *La guerra del fin del mundo*, porque es la que me tomó más trabajo.

Lógicamente Isabel insistió en el tema de la literatura antes de abordar otras facetas de la vida en su entrevista.

—¿Cómo describirías tu evolución literaria?

—Yo he ido cambiando en muchas cosas, en mi manera de pensar sobre las personas, sobre mi país... Pero, si hay algo permanente en mi vida, es mi vocación: descubrí muy joven que para mí la literatura era lo más importante, y que para poder escribir una obra digna era necesario sacrificar todo a la literatura y no sacrificar la literatura a nada. Y en esa entrega casi total se encuentra al final, al final, la mayor satisfacción, la mayor recompensa.

—¿Tú crees que se escribe mejor con el paso del tiempo?

—Yo creo que un novelista es mejor cuanta más experiencia tiene, cosa que no ocurre con los poetas. Esa es la gran razón para que no haya grandes novelistas muy jóvenes. En la poesía, en cambio, se han dado casos como el de Rimbaud, que era un niño, un adolescente, cuando escribió una obra inmensamente rica y profunda. Pero la novela es un género que exige una experiencia de la vida que solo da el tiempo, el paso de los años.

—¿En qué medida son autobiográficos tus libros?

—En todos mis libros, aun en aquellos en los que no aparezco, siempre he utilizado experiencias personales. El punto de partida es siempre alguna experiencia personal. Ahora bien, eso no quiere decir que las novelas que yo escribo sean una autobiografía simulada, sino que necesito como punto de arranque para fantasear, para imaginar, para inventar unas experiencias personales a una cosa que me ha ocurrido, una persona que he conocido, algún hecho que ha provocado en mí un gran impacto.

Hay que reconocer que Isabel tenía bien estudiado y preparado su cuestionario para llevar a Mario al terreno que deseaba. Pero poco a poco, después de pases de tanteo, por emplear un símil taurino, y ya el entrevistado entregado por entero, Isabel decidió conocer más al hombre que al escritor.

—Muchos te consideran un gran escritor, pero al mismo tiempo te acusan de cierta frivolidad. ¿Qué opinas? ¿Crees que es justo?

—No creo ser una persona frívola. Lo que se considera frívolo, lo que se asocia con la frivolidad, a mí me ha aburrido siempre soberanamente. La vida social, por ejemplo, no digo que no la haya, porque nunca he pretendido hacer una vida, digamos, de ermitaño, pero es algo a lo que me resigno, más que algo que me entusiasme hacer, me aburre, pero, cuando no puedo evitarlo, pues pongo buena cara.

—Pero también puedes ser frívolo aunque no hagas vida social...

—Depende de a qué llamas frivolidad. ¿Qué cosa es exactamente la frivolidad? Yo pienso que es la confusión de los valores, de lo que es importante con lo que no lo es. Eso se llega a mezclar de tal manera que no se puede establecer jerarquías. Y yo pienso que tengo las jerarquías bastante claras. Lo más importante, por ejemplo, es mi trabajo. A mi trabajo estoy dispuesto a sacrificar cualquier cosa.

La pregunta era obligada porque se la puso a tiro. Isabel no la dejó escapar, para abordar el tema que estaba deseando y del que ella ya era muy conocedora.

—¿Incluso estarías dispuesto a sacrificar el propio amor?

—El amor, siendo importantísimo para mí, me podría incluso llevar, ocasionalmente, a una pasión tumultuosa y a pensar que podría afectar incluso a mi trabajo. Pero sería una decisión que no duraría, probablemente, ni una semana, porque daría marcha atrás y volvería a la literatura. Mi fidelidad a la literatura es absoluta, irrenunciable. Ha pasado a ser algo casi orgánico en mi vida. La literatura exige una enorme concentración. Nadie que no sea un escritor sabe lo que hay detrás de una labor; ¡cuántos meses, y a veces años, de una gran soledad, de un enorme esfuerzo para arrancarle al lenguaje una entonación, una coloración, una flexibilidad, y también para convertir en algo concreto lo que es muy vago al principio! Eso exige tiempo y disponibilidad. ¿Cómo ser frívolo cuando tienes una vida tan concentrada? Ahora, si ser frívolo es que me gusten más las cosas buenas que las malas, desde luego, por supuesto, soy frívolo.

Observando las fotos de aquella entrevista se llega a la conclusión de que Mario era un hombre, no atractivo, sino guapo, de una belleza muy varonil.

—¿Te encuentras un hombre atractivo? —le preguntó Isabel.

—Mira, esa es una de las preguntas a las que, respondas lo que respondas, si contestas que te encuentras atractivo, resultas vanidoso, y si dices que no, pareces un hipócrita. Entonces ¿qué puedes responder? Me encantaría resultar atractivo y no desagradable y antipático.

Isabel empezó a centrar el tema haciendo una pregunta bastante delicada:

—¿Tienes éxito con las mujeres?

—No tanto como yo quisiera.

—¿Crees que hay diferencias importantes entre la mujer sudamericana y la europea?

—Esas generalizaciones son siempre artificiosas. Pero creo que en América Latina, es uno de sus encantos, la mujer no se avergüenza todavía de la feminidad. Y la feminidad es una cualidad que yo valoro muchísimo.

En lo referente al tema del amor, Isabel no está decidida a rendirse sino a agotarlo.

—¿Te has enamorado con mucha frecuencia?

—Me he enamorado algunas veces.

—¿Crees que el amor sigue teniendo actualmente la importancia que tuvo en épocas pasadas?

—Desgraciadamente, no. Y te digo desgraciadamente porque creo que una de las características de nuestro tiempo es la banalización del amor. Yo estoy en contra de la permisividad, aunque me parece bien que hayan desaparecido tantos prejuicios y limitaciones como había en ese campo. Pero, la libertad total ha traído también, como consecuencia, algo que creo que es muy negativo: la trivialización absoluta del amor. Para los jóvenes, seguramente con pocas excepciones, el amor es algo intrascendente porque pierde novedad muy pronto, se convierte en algo poco importante en sus vidas, en una experiencia casi despótica, una gimnasia, un ejercicio. Y eso, según mi manera de ver, empobrece de una manera tremenda la existencia. Creo que para nosotros, con todas las limitaciones que teníamos, con los prejuicios, con tantos obstáculos que vencer, el amor era algo a lo que íbamos accediendo por etapas, y eso le daba muchos estímulos.

—¿Y el amor ha sido también para ti siempre un estímulo?

—Siempre.

—¿Y no un problema?

—Bueno, un problema también. No creo que haya una relación sentimental que no sea problemática al mismo tiempo. Yo soy una persona muy apasionada, para quien el amor es algo muy profundo que revoluciona enteramente mi vida. Soy en ese sentido una persona del siglo XIX. Creo además que el amor entendido como una pasión absoluta es el mayor estímulo que puede tener una persona. Aparentemente te da una voluntad, una fuerza de enfrentarte a todo tipo de obstáculos, algo que te llena de una enorme ilusión y de una gran vitalidad. Y siempre he visto con sorpresa que el amor, para muchas personas, es una especie de juego más o menos intrascendente y ocasional. Algo que para mí no ha sido nunca.

—¿Sigue siendo el amor el argumento fundamental de tus novelas?

—No sé si fundamental, pero está siempre presente de un modo u otro en las novelas que yo escribo.

—¿Qué papel han desempeñado las mujeres en tu vida?

—Han desempeñado un papel muy importante. Para mí, la relación con las mujeres no ha sido nunca superficial, sino algo en lo que he comprometido toda mi vida, todo mi quehacer. Incluso mi trabajo ha estado muy íntimamente ligado a mi vida sentimental. Nunca he entendido mi relación con una mujer como algo transitorio. Me he casado. Me he divorciado... Pero cada historia, aun la más efímera, ha sido para mí muy importante, ha significado un compromiso profundo.

No podía faltar en la entrevista Patricia, la entonces esposa, la segunda de Mario, y la gran perdedora de esta historia de amor.

—¿Cómo la conociste?

—Patricia, además de mi mujer, es mi prima. Por eso la conocí desde que era muy pequeña. En esa época yo vivía en casa de sus padres, mis tíos. Y ella era una niñita de pocos años, que me parecía la chica más antipática del mundo y a la que yo pellizcaba cuando se cruzaba conmigo y nadie nos veía.

—¿Y cómo empezó lo vuestro?

—Quizá inconscientemente, nunca se sabe. Puede que si vas a un psicoanalista te explore para descubrirlo, cómo me enamoré de ella entonces. Cuando la conocí yo tenía quince años, y Patricia, cinco. Pero todo empezó en París, donde yo vivía y trabajaba. Ella llegó para estudiar un curso de literatura en La Sorbona. Fue un comienzo muy convencional, paseando bajo los tilos y los castaños.

¿Por qué en esta entrevista y al abordar este tema Mario no le contó que entonces, en aquella época, estaba viviendo con su tía política, con la que se había casado, y a la que Patricia se interpuso quitándole el marido?

—¿Qué opinión tiene ella de tu obra literaria?

—Pregúntaselo. Yo no me atrevo. Porque su respuesta puede ser, a veces, de una crudeza que me aterroriza.

—Pero ¿qué te dice?

—Patricia suele ser la primera o una de las primeras personas que leen los manuscritos que he terminado. Y su opinión para mí es una opinión muy importante porque es la de un lector prototípico. Patricia no es un ser intelectual, y su juicio no es el de una profesional de la literatura, sino la de un lector que reacciona espontáneamente. Eso para mí es fundamental, porque me da realmente idea de lo que puede ser la reacción de un lector frente a lo que escribo. Pero la colaboración que yo debo agradecer más a Patricia en mi trabajo es que a ella, en cierta forma, le ha tocado la parte ingrata: conseguir que yo tenga esa independencia y esa soledad fundamental para escribir.

Lo que demuestra elocuentemente la tesis de este libro: Patricia acabó convirtiéndose no en la esposa y en una amante, sino en la esposa-secretaria, en la «madre» de Mario. A propósito de la soledad de la que habla Mario, que Patricia procura que tenga para poder escribir, Isabel le hizo la siguiente pregunta:

—¿En algún momento de tu vida te ha asustado la soledad?

—Si me hubieras preguntado eso hace algún tiempo te hubiera dicho que sí, que la soledad es algo que a mí, salvo en las horas que paso encerrado en mi escritorio, me aterra. Estaba tan abrumado por la cantidad de gente que se me cruza, que entra en mi vida, que me obliga a hacer cosas que no quiero hacer y que interrumpe mi trabajo, que decidí marcharme. Esa experiencia de dos meses de soledad casi absoluta fue una experiencia maravillosa porque trabajé, leí, escribí y tuve realmente una intensa vida intelectual y espiritual.

—Dices que necesitas soledad para escribir. Pero ¿con Patricia al lado siempre?, ¿no?

—No solamente con Patricia a mi lado, necesito gran soledad, silencio, pero también tener la posibilidad, una vez que termino de trabajar, salir de esa soledad y hacer cosas que me estimulen. Yo no podría vivir aislado como muchos escritores ingleses, por ejemplo, a los que les encanta retirarse a una casa de campo y no salir jamás. Eso para mí sería el suicidio. A la hora de escribir, que son muchas horas al día, necesito soledad, que no suene el teléfono, que nadie entre en mi cuarto, que no me distraigan con preocupaciones ajenas a mi trabajo. Pero, una vez que termino, necesito lo contrario: salir corriendo, ir al cine, al teatro, leer periódicos, ver un programa de televisión, estar con los amigos. Necesito que me arranquen de mi mundo mental, que puede llegar a ser muy destructivo y enervante.

—¿Has encontrado el equilibrio en tu segundo matrimonio?

—El equilibrio... Llevamos 22 años de casados y hemos tenido los traumas naturales. Creo que es una unión muy sólida, aunque no diría... hasta la muerte, porque entonces estoy seguro de que la relación comenzaría a ser muy aburrida. Y para que se mantenga viva y rica debe existir una cierta tirantez.

—¿Y Patricia piensa de la misma forma que tú?

—Creo que sí. Nosotros, además de esos 22 años, somos primos y debemos de tener más cosas en común que el resto de los mortales.

—¿Qué es lo más importante para ti en una mujer?

—Es tan difícil definir eso... Es muy importante que una mujer sea una mujer. No creo que eso sea machista y, si es machista,

En julio de 1986 Isabel entrevista a Mario Vargas Llosa. Esta fue la portada de la revista y la foto de la pareja.

pues tanto peor. A mí me gustan las mujeres, y cuando las mujeres dejan de ser mujeres o sienten que siendo mujer se han rebajado y quieren renunciar a esa feminidad, yo me desmoralizo y me deprimo. Pero también creo que ser femenina no está reñido con una vida intelectual muy rica, ni con una vida profesional intensa. Que una mujer sea bonita no debe ser, de ninguna manera, un impedimento para que esa mujer sea culta o sea sensible. Hay un tipo de gracia, de elegancia, que está vinculado a la mujer y que es fundamental que exista. Aunque hoy día valores de ese tipo permanecen un poco obsoletos y anticuados. Eso a mí me entristece.

No podía faltar en esta entrevista el tema de los hijos, que ha sido un tema bastante complicado, sobre todo cuando estalló el asunto de Mario con Isabel. Después de todo lo sucedido, no sé si Mario seguirá pensando exactamente igual de sus hijos que lo que le confesó a Isabel.

—¿Cómo son las relaciones con tus hijos?

—Pienso que son unas relaciones buenas pero, al mismo tiempo, para mí siguen siendo bastante enigmáticas. Tengo tres hijos, el mayor ha cumplido ya veinte años. Y digo enigmáticas porque nunca he sabido exactamente cuál es la mejor manera de actuar. Si era bueno ser muy liberal o si era preferible ser algo conservador. Al final he dejado las decisiones a Patricia. Conocí a mi padre cuando yo era un niño de diez años, porque mis padres se habían separado. Y luego se reencontraron. Fue una relación muy mala, muy severa, nunca llegamos a entendernos. Y hasta sentía hacia él una especie de rencor. Y el terror de que mis hijos pudieran llegar a verme a mí como yo llegué a ver a mi padre ha hecho que fuera con ellos quizá excesivamente tolerante, blando, de manera que la severidad en la educación con los hijos ha tenido que ponerla siempre Patricia.

—Pero, en el fondo, ¿te consideras un buen padre?

—No sé qué cosa es un buen padre, Isabel. No tengo ni idea. ¿Ser un buen padre es ser un padre tolerante o ser más bien severo? ¿O ser un padre muy invasor que está muy presente y siguiendo muy de cerca lo que hacen los hijos? ¿O, como creo que he hecho yo, dejarles cada vez más independencia y una posibilidad de iniciativa? No lo sé. Sobre ese tema he tenido siempre muchas dudas.

Como española que es, Isabel no podía dejar de hacerle la siguiente pregunta:

—Tú has vivido un tiempo en España. ¿Ha influido algo esa época en tu vida y en tu obra?

—Ha influido mucho. Ha sido fundamental tanto en mi vida como en mi obra. En el año 1958 tuve una beca para hacer el doctorado en la Universidad de Madrid, y ese año fue, quizá, el año más importante para mí porque tomé la decisión de ser escritor, de dedicar mi vida a la literatura. Hasta entonces, aunque la literatura era muy importante para mí, yo pensaba ser abogado o profesor universitario, y solo en Madrid fui capaz de razonar: si la literatura va a ser una actividad de los domingos, nunca voy a llegar a ser un escritor.

Para terminar, Isabel abordó un tema muy importante, el de la felicidad. Y le preguntó a Mario si creía en ella:

—Creo en la felicidad como algo muy intenso y transitorio. Gentes totalmente felices me han parecido solemnemente idiotas. ¿Cómo defino la felicidad? Pues con el acuerdo absoluto entre lo que quieres, lo que haces, lo que eres y lo que es tu vida. Para esto, necesitas carecer de imaginación, carecer de apelativos,

carecer de fantasía. Luego solamente un idiota puede ser totalmente feliz. Ahora bien, creo que la vida ordinaria de cuando en
cuando se interrumpe, se corta con esos períodos maravillosos
en los que sientes que la existencia tiene sentido, que está justifi-
cada. Y esos momentos son, a veces, tan ricos que te compensan
de toda la infelicidad de la que forma parte el resto de tu vida.

MARIO HOMENAJEA A PATRICIA

El 16 de noviembre de 2006 Cayetana Enders, esposa del que fuera embajador de Estados Unidos en Madrid durante los años 1983 a 1986, Thomas O. Enders, realizó una entrevista a Mario Vargas Llosa con motivo de recibir este la medalla de oro del *Queen Sofia Spanish Institute*. Por su importancia y por lo que entonces opinaba de su esposa Patricia y de sus hijos, reproducimos algunas de las preguntas que entonces le hizo:

—Mario, ¿qué energía te da Nueva York?

—Siempre que vengo aquí me siento como si estuviera en el centro de mundo, como en Babilonia, como en una ciudad donde ocurre todo, en la que lo que te interesa será de una cualidad extraordinaria, probablemente más avanzada que en ninguna otra parte. Esta es una ciudad donde es imposible abarcar todas las fantásticas posibilidades artísticas que tiene, y al mismo tiempo una ciudad que, por eso mismo, es una especie de vértigo. Aquí te sientes como en un remolino.

—En tu novela se ve que eres muy fiel a tu continente y, aunque eres sumamente sofisticado, te quedas siempre cerca de tus raíces. ¿Qué nos puedes comentar sobre esto?

—Nací en Perú, en Arequipa, y pasé mis primeros diez años en Bolivia, que es un país al que le tengo también mucho cariño. Toda mi juventud, mis estudios de secundaria, mis estudios universitarios los hice en Perú, y yo creo que la edad de la formación es probablemente la más importante para un escritor, son los años en los que las ilusiones, las imágenes, los gustos, los valores toman forma; y por eso, aunque he vivido mucho más tiempo fuera de Perú, me siento muy identificado con el país donde nací, porque creo que las experiencias que me formaron ocurrieron ahí.

—¿En dónde te sientes más a gusto? ¿En Europa?

—Bueno, yo me siento tan peruano como europeo. Paso unos tres meses en Perú y el resto del año en Europa, entre España, Inglaterra y Francia. Y la verdad es que me siento en todas partes en mi casa, más en España que en otras partes, por razones obvias, sobre todo por razones culturales, de lengua y de cariño. Pero no me siento un extranjero en absoluto ni en París, ni en Londres. Tengo un gran cariño por Inglaterra, quizá porque es el lugar donde me puedo aislar más fácilmente, sobre todo puedo pasar temporadas completamente dedicado a escribir, a leer, sin los compromisos que muchas veces, aunque sean gratos, le comen a uno el tiempo.

—¿Cuál es tu rutina?

—Mi rutina es el trabajo de mañana y tarde. Trabajo generalmente en mi casa en la mañana y en la tarde, o en una biblioteca o en los lugares donde hay café. A mí me gustan muchos los cafés. En Madrid, en París, trabajo en un café. En Inglaterra no hay cafés, así es que cuando estoy en Londres trabajo en la British Library, o en la London Library, que son dos bibliotecas que me gustan. Luego me gusta el teatro, me gusta mucho la música, la pintura, o sea, que vivir en torno a donde hay esas cosas es enormemente estimulante. Me gustan también los amigos, que es una cosa muy importante en la vida. Tengo la suerte de tener una red de amigos por el mundo que me ayuda mucho a no sentirme extranjero en ninguna parte.

—Tienes una familia extraordinaria, unos hijos valiosos y una mujer estupenda. ¿Cómo has podido mantener un justo equilibrio?

—No hubiera podido escribir como lo he hecho sin la ayuda extraordinaria que me ha brindado Patricia. Llevamos cuarenta y pico años de casados y en ese tiempo ella ha asumido prácticamente toda la responsabilidad de la familia. Se ocupa de todas las cosas prácticas, lo que es un enorme trabajo, y a mí me libera de esas actividades para poder dedicarme exclusivamente a hacer lo que a mí me gusta. Hemos tratado de darles a nuestros tres hijos la mejor educación del mundo y enseñarles a valerse por sí mismos. Y eso lo hemos hecho. Yo estoy muy orgulloso de ellos. El primero, Álvaro, es también escritor, escribe ensayos y artículos. Ahora está instalado en Washington, donde dirige un proyecto muy interesante, un estudio sobre empresas exitosas en países pobres, que ha tenido mucho éxito. Y al mismo tiempo es periodista; tiene una columna que se publica en muchas partes de Estados Unidos y en otros lugares. El segundo de mis hijos es Gonzalo, trabaja ya hace muchos años con el Alto Comisionado para los Refugiados de las Naciones Unidas. Ha estado en los lugares más terribles de la Tierra, en los Balcanes durante la guerra civil, en Afganistán, en Pakistán, en África. Hace poco tiempo estuvo en la selva del Darién, con un tipo de trabajo que exige una enorme motivación personal. Y la menor de mis hijas es Morgana, la benjamina, que es fotógrafa profesional. Hemos trabajado con ella en libros de reportajes de Irak, inmediatamente después de la guerra, y después un reportaje sobre uno de los temas más dramáticos de nuestra época, como es el conflicto palestino-israelí. Ahora está casada, esperando un bebé.

—¿Por qué en tu última novela, *Travesuras de la niña mala*, has creado una mujer así?

—Yo no creo que la protagonista sea tan mala, yo creo que es una mujer que, por razones muy diversas, ha tenido que convertirse en un ser frío, calculador, para sobrevivir en un mundo machista en el que la mujer llevaba todas las desventajas. Entonces hay que ver de dónde sale, de qué mundo sale y los inmensos esfuerzos que tiene que hacer para salir adelante, porque es algo que endurece mucho a las personas. Pero, en el fondo, yo creo que hay en ella una debilidad, una ternura, que también a su manera está enamorada de Ricardo de una forma muy distinta, porque él es un hombre fiel, el hombre ideal al que lo más importante que le ha ocurrido en la vida es conocer a esa muchacha. Ella le hace vivir aventuras que jamás ha vivido, porque él es más bien un ser conformista, sin ambiciones, y el vuelo imaginativo que tiene ella. Esa novela la escribí porque siempre me tentó la idea de escribir una historia de amor moderna, no una historia de amor marcada por la retórica del romanticismo. El romanticismo en nuestra época ya no existe; es decir, la mujer tiene hoy día mucha más disponibilidad, muchas más posibilidades de iniciativa que en el siglo XIX. Entonces el amor no se da de la misma manera, aunque los sentimientos sean muy fuertes, igual que antes. He querido escribir sobre una pasión de dos seres libres que, además, muchas veces viven desencuentros tremendos por la diferencia de personalidades, pero al mismo tiempo entre ambos hay una relación que dura a lo largo de cuarenta años, con muchos reveses, pero se mantiene. Yo creo que para el protagonista probablemente lo mejor que le pasa en la vida es esa historia. Sin ella, su vida habría sido de monotonía. Si fue intensa y si fue variada, se lo debió a las travesuras de la niña mala.

—¿Tienes ya alguna inspiración para tu próxima obra?

—No he conocido nunca algo que atormenta a muchos escritores como es la página en blanco, esa clase de parálisis que lleva a muchos a guardar silencio. A mí no me ha ocurrido nunca, tocaré madera para que no me ocurra. Al contrario, mi problema ha sido siempre la falta de tiempo, siempre he tenido más proyectos para hacer que tiempo para materializarlos. En estos últimos años he vuelto un poco a mi primer amor, que era el teatro, porque yo comencé haciendo teatro. Y esa siempre ha sido una pasión secreta que he tenido. En los últimos años he hecho varias cosas con mucho entusiasmo.

ISABEL Y NANCY

El fallecimiento, el 6 de marzo de 2016, de Nancy Reagan, primera dama que fue de Estados Unidos desde 1981 a 1989, me ha recordado cuando Isabel Preysler estuvo a punto de entrevistarla en la Casa Blanca. No dentro de la serie de personajes famosos de todo el mundo que como «reportera» enviada especial hizo en los años 1984-1986 para su revista *¡Hola!*. Lo de ella con Nancy fue otra historia, sin el *happy end*. Lo que mal empieza, mal acaba.

Cierto es que ella no tuvo la culpa. Simple y sencillamente, la nueva dirección de la revista de la que yo era entonces redactor jefe la utilizó contra mí, «robándome» la entrevista que la esposa del presidente de Estados Unidos me había concedido gracias, ¡oh, coincidencia y causalidad!, a la intervención de... Julio Iglesias en el transcurso de una cena en la Casa Blanca, a la que estuvimos invitados los dos, el cantante y el periodista.

A los postres de aquella cena, Julio me presentó a Nancy y, como es lógico, aproveché la ocasión para solicitarle una entrevista que, gentilmente, me concedió. El matrimonio Reagan sentía un especial afecto por el cantante español.

«Póngase en contacto conmigo a través de la embajada en Madrid para fijar la fecha», me pidió.

Dicho y hecho. A los pocos días quedaba cerrada la entrevista.

Pero el nuevo director, tras la muerte de quien lo había sido durante... 22 años, decidió que quien tenía que hacerla era... Isabel, que, por aquellas fechas, primavera de 1984, había empezado a pisar muy fuerte en *¡Hola!*, a quien le concedía sus mejores entrevistas y reportajes.

A mis espaldas, se empezó a preparar el operativo informando a la señora Reagan de que la entrevista no la haría Jaime Peñafiel, sino... la marquesa de Griñón. La secretaria de la primera dama me comunicó la sorpresa de la señora Reagan, pero ¿qué podía hacer yo, por muy redactor jefe que fuera? Elevé mi protesta ante la dirección, reconociendo que entre las potestades del director está autorizar o no una entrevista, pero ¡nunca! quitarla para asignársela a otra persona que, como en este caso, no tenía ni arte ni parte.

El director pensó simplemente que la entrevista con la primera dama de Estados Unidos tendría mucho mayor impacto entre los lectores si la realizaba la «primera dama» española, que ya lo era Isabel. Hasta los billetes Madrid-Washington vía París, en el Concorde, estaban ya reservados para la marquesa y Mona Jiménez, la de las lentejas, que la acompañaría.

Poco o nada podía hacer. Solo lo que hice...

Con esta frustración, me marché como enviado especial en el viaje de los reyes Juan Carlos y Sofía a la Unión Soviética de Chernenko, del 10 al 16 de mayo de 1985, visitando Moscú, Tashkent, Samarkanda y Leningrado. Se trataba de la primera vez que un jefe de Estado español visitaba el país, por lo que fue calificado de «histórico».

Precisamente durante esos días Nancy Reagan recibió en la Casa Blanca la revista *¡Hola!*. Pero el buen sentido común de Eduardo Sánchez Junco —aunque solo a medias— se impuso. Lo de Isabel ¡era muy fuerte! Se creyó, equivocadamente, que lo que a mí me podía molestar era que la entrevista la hiciera Isabel.

¡Ni mucho menos! Lo que me dolía y humillaba es que me la hubieran quitado. ¡Era no conocerme! Al final, pensándolo mejor, Sánchez Junco decidió que la entrevista la realizara, no Isabel Preysler sino... Mamen Sánchez Pérez..., la mujer del director, sin pensar que al atropello profesional se añadía otro todavía peor. Ante semejante despropósito, hice lo que hubiera hecho independientemente de que en la portada de *¡Hola!* apareciera mi querida Isabel o mi querida Mamen: hola y adiós. Me cabe la satisfacción de que, antes de morir Eduardo él y yo nos reconciliamos, como ya he contado. Con Isabel no fue necesario. Siempre he tenido por ella y con ella un sentimiento muy especial que se ha ido acrecentando con los años.

Quiero dejar bien claro que en lo sucedido pocas semanas después, cuando la hice llorar, no fue una venganza, sentimiento mezquino que no se encuentra entre mis muchos defectos, por haberme hecho llorar a mí, sino por una brutal competencia entre dos publicaciones, el *¡Hola!* de mis amores y mis dolores, y *La Revista*, que yo dirigía. En medio, tú, querida Isabel.

También me gustaría recalcar que si Isabel no hizo finalmente la entrevista a Nancy Reagan no fue porque la primera dama no quisiera, sino por las circunstancias aquí expuestas, totalmente ajenas a su voluntad. Seguro que lo hubiera hecho muy bien, y con gran éxito. No se puede decir lo mismo con la de Ted Kennedy.

EL ÚNICO HOMBRE QUE LA PLANTÓ

Entre la lista de famosos que *¡Hola!* había preparado para que Isabel los entrevistara se encontraba nada menos que el senador Ted Kennedy. Por entonces, Ted Kennedy era uno de los hombres más carismáticos del momento. Acababa de divorciarse de su esposa Joan, después de 23 años de matrimonio, y tenía tres hijos: Kara (20 años), Edward (19) y Patrick (13). Por culpa de los problemas con el alcohol de Joan, Kennedy tuvo que ser un padre y una madre durante años. El divorcio, necesario porque no constituían una familia feliz, estaba más que cantado.

Pocas figuras públicas recibían entonces más atención mediática negativa que Edward Kennedy, acosado por su tragedia personal y por el escándalo público de Chappaquiddick. Pero él sabía que tenía que vivir con la prensa pese a todo, aunque tuviera que toparse con montones de historias no garantizadas, hoy justificadas; era natural que se desarrollara una curiosidad sobre él. Su vida estaba salpicada de hechos y circunstancias que Ted deseaba cambiar y que lamentaba.

Desde las muertes de sus hermanos, Jack y Bobby, se había convertido, a su pesar, en el patriarca de la familia. La desaparición de sus dos hermanos le sumió en una gran depresión. Los quería, eran sus hermanos, pero también sus amigos, y los había perdido para siempre. Este sentimiento de dolor e impotencia le acompañó el resto de su vida. No había consuelo para superar tanta tragedia. Solo el afán de superación, basado en su sentido del amor y del cuidado, le daba fuerzas. Reconoció que trataba de rezar para sobrellevar estas enormes tragedias: Jack, Bobby, su hermana Kathleen, Joe... ¡había tantas heridas y tan profundas en su vida! Las tragedias le habían traumatizado, cargaba siempre un peso de losa, que solo sus hijos le ayudaban a sobrellevar. Por todo esto y mucho más, Ted Kennedy era un personaje ideal para ser entrevistado por Isabel.

Pero no pudo ser. Ted Kennedy ha sido el único hombre que le dio calabazas, pues no accedió a que le entrevistara. Isabel tomó un avión en Barajas el 12 de enero, domingo, de 1986 rumbo a Argentina, donde el senador estadounidense se encontraba.

A las tres y media de la madrugada del lunes llegaba al aeropuerto de Ezeiza, donde le esperaba Silvia Klemensiewicz, modista argentina de gran éxito que tenía mucho en común con Isabel, quien reconoció a la revista bonaerense *Gente* que «esta entrevista no es nada fácil. El personaje me fascina, y una tiene que poner todo su instinto y atención en cada palabra que diga».

Isabel no se equivocaba. La entrevista era tan difícil que... no la consiguió. Algo falló en quien había organizado el encuentro. Todos los intentos que se realizaron para hablar con Ted Kennedy resultaron fallidos. Pero se encontró con él en el hotel Sheraton. El senador solo tuvo tiempo de saludar cortésmente a aquella bellísima «reportera» que deseaba entrevistarle. Fue la única vez que un hombre le dio «calabazas», negándose al honor de ser entrevistado por la mujer más famosa de España.

LOS OTROS ENCUENTROS

En agosto de 1986 el periódico *ABC* fotografía, a la salida del conocido restaurante La Fonda, de Marbella, a cuatro personas muy importantes, muy famosas: Mario Vargas Llosa y su esposa Patricia, Isabel Preysler y Miguel Boyer. Los dos primeros todavía matrimonio; los segundos acababan de romper los suyos respectivos: ella con el marqués de Griñón; él con la ginecóloga Elena Arnedo. Los Vargas Llosa tenían tres hijos: Álvaro, Gonzalo y Morgana; Isabel, catro (tres de Julio y uno de Carlos Falcó); Miguel, dos, de Elena Arnedo.

Mario Vargas Llosa y su esposa Patricia se encontraban en la clínica Buchinger Wilhelmi. Según Lucas Martín, del periódico *La Opinión* de Málaga, se trata de un «monasterio» con sábanas de seda, un cinco estrellas zen para emperadores o, a lo mejor, un club de millonarios amigos del sufrimiento. En los últimos cuarenta años, en la capital de la Costa del Sol, ha habido muchos intentos de definir la clínica Buchinger, en Sierra Blanca. Nadie entiende que se pague por no comer. O que no se coma. A secas. Cada vez que una estrella del cine o de la alta sociedad aparecía súbitamente «rejuvenecido» en el aeropuerto de Málaga, los periodistas pensaban en la Buchinger.

En sus jardines se han paseado aristócratas, hombres de Estado, Sean Connery —con el albornoz como el hábito de *El nom-*

bre de la rosa—, Isak Andic, dueño de Mango, Cristina Onassis, Carmen Sevilla —a la que se le consideraba casi de la familia—, y Mario Vargas Llosa, cliente desde hacía décadas y que declaró «en la clínica he descubierto el cuerpo». Pues ahí estaba con Patricia poniéndose en forma.

Con el documento del *ABC* era la segunda vez que públicamente se fotografiaba juntos a Isabel y a Mario; la primera, cuando ella acudió a San Luis de Potosí, en 1986, para entrevistarle, como hemos recogido en las páginas de este libro.

Se cuenta —aunque no está confirmado y yo no lo creo— que Isabel se vio con Mario en 1988, y en ese encuentro le explicó una supuesta crisis entre Miguel y ella. Solo los protagonistas saben qué hay de cierto de este encuentro.

Y habría una tercera —o una cuarta—, en 2013, un año más tarde de que Miguel sufriera el ictus que le provocó la muerte dos años y siete meses después, cuando Isabel y Mario coincidieron en un viaje a México y Perú organizado por la petrolera azteca Pemex, junto a uno de los hijos del magnate Carlos Slim. Ni ella ni el premio Nobel estaban acompañados por sus respectivas parejas: Miguel estaba enfermo y, en el caso de Patricia, desconozco el motivo de su ausencia.

Juntos, visitaron la isla Mujeres en el yate de Slim. Esta información fue confirmada por la petrolera. Por último, el 29 de septiembre de 2014, Mario y Patricia acudieron al tanatorio Parque de San Isidro de Madrid para acompañar y dar el pésame a Isabel por la muerte de Miguel.

Ignoro si Patricia supo la historia de su relación con Isabel por boca de su marido, como le sucedió a la primera esposa del escritor, Julia, a través de una carta, fechada el 10 de mayo de 1964, como recuerda Rosa Villacastín en *El club de las «santas»* (Temas de Hoy): «Es verdad que estoy enamorado de Patricia y sé que esto no es una revelación para ti... Tú podrías, quizás, emplear armas indignas de ti, impedir que yo vuelva a ver a Patricia. Pero ni tú ni nadie tiene cómo destruir mi amor por ella».

A lo peor lo supo ese 10 de junio de 2015 cuando apareció la fotografía en el *¡Hola!*

2015: UN AÑO FRENÉTICO

Estoy seguro de que en los ochenta años de vida de Mario Vargas Llosa no ha existido uno vivido con la intensidad de 2015. El premio Nobel lo vivió como si fuera el último de su vida. Se dice como algo positivo, incluso como frase motivacional que te invita a hacer tu mejor y mayor esfuerzo.

Desgranando día a día lo sucedido ese año, uno entiende los misterios y la fuerza del amor entre Mario e Isabel. Durante el mes de febrero el premio Nobel interviene en *Los cuentos de la peste*, obra que se representa en el Teatro Español de Madrid, hasta el 1 de marzo, y donde recibe en el camerino a Isabel, que ha acudido a verle. ¿Había algo en esa visita o solo fue de cortesía? Patricia no estaba en Madrid, se había marchado a Lima ante la gravedad del estado de salud de su madre.

El 10 de marzo, una vez finalizado el trabajo en el teatro donde compartió escenario con Aitana Sánchez-Gijón en la obra *Los cuentos de la peste*, Mario marcha a Lima para reencontrarse con Patricia, su esposa todavía. Durante dos meses la actividad es frenética en Perú: presenta el libro *El alejandrino*, interviene en los seminarios de la Fundación Libertad e inaugura la filial de Penguin Random House.

El 28 de marzo, la familia le celebra su 79 cumpleaños en la localidad peruana de Arequipa.

El 1 de mayo, Mario y su esposa Patricia regresan a Madrid.

El 2 de mayo, el matrimonio asiste a la ceremonia de la entrega de la medalla de oro de la Comunidad de Madrid.

El día 15 de mayo, asiste a una corrida de toros en Las Ventas, en compañía de Esperanza Aguirre.

El 22 de mayo, Mario y Patricia viajan a Barcelona para celebrar el cumpleaños de Roxana Valdivieso, esposa de Luis Llosa, cuñado de Mario.

El 26 de mayo, Mario e Isabel Preysler coinciden en la gala de Porcelanosa en el palacio de Buckingham, y de la que nos ocuparemos ampliamente a continuación.

El 28 de mayo, Mario viaja a Nueva York.

El 29 de mayo, la familia Vargas Llosa al completo celebra, en Le Bilboquet de Nueva York, las bodas de oro matrimoniales, de las que se publican fotografías realizadas por Morgana, la hija de Mario, y por Susana Abad, la esposa de Álvaro, hijo mayor del matrimonio y que cuelga en su Twitter esta frase: «Feliz 50 aniversario, Mario y Patricia».

El 2 de junio, la familia Vargas Llosa al completo asiste a la entrega del título de doctor *honoris causa* a Mario en la Universidad de Princeton.

El 4 de junio, y horas antes de emprender viaje a Madrid desde Nueva York, se dice que informa a la familia que quiere separarse, que ha decidido abandonar la casa de la calle Flora de Madrid para trasladarse a un apartamento del hotel Eurobuilding.

El 10 de junio, *¡Hola!* destapa el noviazgo de Mario e Isabel, nada menos que en portada del número 3.698, con una foto de la pareja posando en Londres, pero, además, con una ventanita en la que aparecen de espaldas y cogidos de la mano juntos, después de un almuerzo, en Madrid. La pareja ocupa la mayor parte de la cubierta y con una foto de Isabel y Mario «tras su viaje a

Londres, invitados por el príncipe de Gales a la cena de Porcelanosa». En el interior se publica que «el premio Nobel e Isabel mantienen una amistad que las circunstancias de sus vidas han hecho que se afiance últimamente». Y lo más significativo para los desconocidos: «Vargas Llosa está actualmente separado de su mujer, Patricia Llosa, con la que mantiene una relación muy cordial». En el texto, se hace hincapié en que «se reencontraron de nuevo en este viaje a Londres. De regreso a Madrid, quedaron para comer juntos en un céntrico restaurante, donde a la salida fueron fotografiados juntos».

Eso fue el 10 de junio. Habían transcurrido exactamente quince días desde la última vez que se vieron en el palacio de Buckingham. ¿Qué había sucedido?

Hasta entonces la familia Vargas Llosa residía en un magnífico piso de la última planta de la calle Flora de Madrid, casualmente en el mismo edificio donde yo comencé mi oficio de periodista en la agencia Europa Press, cuya redacción se encontraba en los bajos de esa casa, a unos cientos de metros del Teatro Real y del palacio de Oriente. Al parecer, cuando Mario e Isabel regresaron el 28 de mayo de Londres después de haber asistido a la gala de Porcelanosa, y él se marchó a Nueva York para celebrar con su familia las bodas de oro de su matrimonio, la decisión de separarse ya estaba tomada. Y mientras Mario se encuentra con su familia, Isabel se ocupa de reservarle un apartamento en el hotel Eurobuilding, en el número 69 de la calle Orense, a pocos metros del paseo de la Castellana de Madrid.

Isabel es muy habitual de este hotel porque en él se encuentra su restaurante preferido, el 99 Sushi Bar. Precisamente el martes 2 de junio, y mientras Mario y su familia al completo asisten al acto académico en la Universidad de Princeton, Isabel acude a comer al Eurobuilding, acompañada de su íntima amiga Carmen Martínez-Bordiú, que siempre ha estado al corriente de sus temas sentimentales. Isabel viajó a París cuando Carmen todavía era la compañera de Rossi, para hacerle partícipe de su pasión por Miguel Boyer, con quien se citaba en la capital francesa. Posteriormente, se distanciaron por unos comentarios no muy acertados que Carmen hizo en un programa de televisión sobre Chábeli y que a Isabel no le gustaron nada.

El día en que acudió a almorzar al hotel, posiblemente lo hizo para comprobar que todo se encontraba preparado para cuando Mario acudiera, la mañana del 5 de junio. A pesar del comunicado que Patricia haría público cuando apareció la noticia en *¡Hola!*, ya sabía lo que iba a suceder. Mario le había informado, según él, el día 4, horas antes de emprender viaje a Madrid hacia su nueva vida.

MI PADRE AMABA A LAS MUJERES

Laura es una más de esas miles de hijas e hijos de padres divorciados que se han vuelto a casar. Por dramática añadidura, de padres famosos, de padres de vida pública. «Una faena, y muy larga», reconoce. Aunque se ha especulado que cuando nació Ana, la hija de Miguel y de Isabel, se sintió como «una princesa destronada, no es cierto». Ella misma ha asegurado que «lo mío con mi padre era una unión indestructible que solo pudo romperse con la muerte —al año de su muerte, intentó organizarle un funeral—, pero no hubo *quorum*», sin especificar quién no quiso. ¿Isabel? Me cuesta creerlo.

Laura quería tanto a su padre que, a pesar de la dolorosa y escandalosa separación, quiso, aun conociendo su agnosticismo, que la llevara al altar cuando, en marzo de 1986, se casó con Luis Imedio. No solo entró en el templo dando el brazo a su hija, como padrino que era, sino que no le importó acudir a recogerla a la casa que había sido el hogar de la familia, en la calle Maestro Ripoll, número 18, vestido de chaqué. Era la primera vez que se encontraba con su esposa, Elena Arnedo.

Hoy se duele y la entristece no haber podido hablar con su padre antes de morir. «Él quiso tener una conversación privada conmigo, pero no hubo tiempo, y luego ya no se acordaba. Me quedé con la duda, algo que lamento mucho. Si mi padre tenía problemas, me habría gustado conocerlos», le confesó a la periodista Angie Calero.

Al ser preguntada cómo era su padre en la intimidad, Laura asegura que era «un hombre culto, educado, valiente y honesto, con el que me habría gustado compartir mucho más tiempo. Como político, tenía principios. Cuando todo el mundo decía que en España los políticos nunca dimiten, se equivocaron».

Sorprende conocer que pernoctaba con su padre en el apartamento del Ministerio de Economía cuando se separó de su madre y aún no vivía con Isabel. «Era un gran lector de historia y periódicos extranjeros, ya que dominaba varios idiomas. Nunca he conocido a una persona más buena, compasiva y generosa, que creía de verdad en la redistribución de la riqueza y le dolía la injusticia.»

Laura ha heredado de su padre su gran fuerza y su optimismo. «Siempre se tomaba las cosas lo mejor posible, sin dejar de ser fiel a sí mismo. Nunca escondió sus sentimientos ni disimuló su estado de ánimo. Mi padre no era hipócrita, tampoco un cínico. Era un hombre de los pies a la cabeza que amaba a las mujeres, las escuchaba, las tomaba en consideración y las admiraba. Jamás le escuché decir ni una sola palabra machista.»

Cuando le confiesa a Angie Calero que, a veces, como toda hija de divorciados, se quejaba ante un comportamiento del otro, «mi padre nunca royó este hueso. Siempre me contestaba: "Tu madre es una persona muy inteligente". Ni una sola vez habló mal de ella. Mi padre será para mí siempre el hombre perfecto, voluntarioso, valiente, protector, inteligente, cariñoso, carismático y con un gran sentido del humor, que me puso el listón muy alto a la hora de elegir compañero de vida».

LA PRIMERA VEZ JUNTOS PÚBLICAMENTE...

El 26 de mayo de 2015 se produce un encuentro muy definitivo cuando Isabel y Mario coinciden nada menos que en el palacio de Buckingham, de la mano de Porcelanosa, invitados los dos a la cita social más esperada del año: la cena de gala que tiene como anfitrión de excepción al príncipe de Gales, en la que agradece a la famosa firma de Castellón de la Plana el apoyo a sus causas benéficas.

Aunque la famosa modelo Irina Shayk, tras romper con Cristiano Ronaldo, ese hortera del Real Madrid, parecía que iba a ser la estrella de la gala y la gran sensación, fue eclipsada, ya hay que tener fuerza, por la aparición de Isabel acompañada de... Mario Vargas Llosa, el premio Nobel de literatura. Nadie podía sospechar esa noche, con tanto invitado famoso, como eran entre otros Jeremy Irons, que dos semanas después iba a estallar la bomba informativa de los novios, no del año, sino de la década.

Aquella noche, en palacio y de la forma más natural, ocuparon sitio en la mesa del príncipe Carlos junto a Jeremy Irons, Irina y otros invitados. La revista ¡Hola!, ignorante de lo que se cocía, o al menos eso parecía, dedicó la noche a la modelo.

Preguntada Isabel por la presencia de Mario, recordó que «cuando le vi por primera vez en San Luis, Missouri, cuando la

El 26 de mayo de 2015, el príncipe de Gales ofreció una cena en Buckingham. Isabel estuvo acompañada por Mario Vargas Llosa. Aquí aparecen saludando al anfitrión. Era la primera vez que se les veía juntos.

entrevista de *¡Hola!*, a partir de entonces Miguel y yo estableci-
mos unas buenas amistades con Mario y su mujer, que se han
mantenido durante todos estos años. La soledad de la ausencia
de Miguel (hacía ocho meses de su muerte) la sufrí muchísimo
durante su enfermedad. Yo perdí a mi marido en el momento del
derrame cerebral. Fueron dos años y siete meses realmente duros. Reconozco que fue entonces cuando verdaderamente perdí
a mi compañero de viaje», le confesó a Roseta L. del Valle.

A su regreso a Madrid, Isabel y Mario vuelven a encontrarse
en el restaurante 99 Sushi Bar del hotel Eurobuilding. Al térmi-
no de la comida, Mario e Isabel salieron del restaurante cogidos
de la mano. La fotografía publicada tres días después en la portada de su revista *¡Hola!* supuso un auténtico tsunami mediático. ¿Fue avisado el fotógrafo? ¿Era de la plantilla de la revista?

Otras publicaciones como *Pronto,* la de mayor difusión de habla hispana, recogía la noticia con el siguiente titular: «Isabel Preysler y Vargas Llosa ya no esconden su amor».

Se ignora cuándo, cómo y dónde comenzó este romance. Lo único que se sabe es que Mario había dejado la casa en la que vivía con su mujer en Madrid para instalarse en un apartamento del hotel Eurobuilding.

CUMBRE FAMILIAR DE URGENCIA EN MADRID

Cuando estalla la noticia protagonizada por Isabel y Mario, paseando de la mano por las calles de Madrid, la familia del Nobel se encontraba dispersa, pero inmediatamente viajaron a Madrid. Así lo atestiguaba la fotografía publicada el martes 30 de junio. En ella aparece Patricia con sus tres hijos, Álvaro, Gonzalo y Morgana, y dos nietos. Se trataba de una cumbre familiar de urgencia en torno a la sufridora, a la perdedora de esta historia sentimental.

Con ello, intentaban hacer público que se mantenían unidos en unos momentos dolorosos para todos. «Sorprendidos y muy apenados por las fotografías que han aparecido hoy en una revista del corazón. Hace apenas una semana estuvimos con toda la familia en Nueva York celebrando nuestros cincuenta años de casados y la entrega del doctorado de la Universidad de Princeton. Rogamos respeto a nuestra privacidad», rezaba el comunicado que, en nombre de su madre, hacía público Morgana, cuya lealtad hacia ella era indiscutible. No se separó de su madre ni un momento desde que estalló el tema sentimental de su padre.

El último en llegar a Madrid fue Álvaro, el domingo 28. Primero para estar con su madre. También porque cuatro días después intervendría, junto a Mario Vargas Llosa, su padre, en un acto en la Casa de América. Cierto es que, de todos, es el que tiene un contacto más fluido con Mario.

Durante la «cumbre» familiar en Madrid, el premio Nobel se encontraba dando conferencias en Serbia y Montenegro. Pero regresó para inaugurar el acto cultural y político de la Casa de América en el marco del Foro Atlántico, como presidente de la Fundación Internacional para la Libertad. Mientras su hijo disertó sobre la lucha por la democracia en Venezuela, todo el interés se centraba en su padre, en Mario Vargas Llosa. Nunca se vio más prensa que ese día en la Casa de América. Isabel, lógicamente, no apareció. Antes del acto, Mario había sido abordado en plena calle por un reportero. Ante la pregunta sobre la relación con Isabel, respondió con la cortesía y educación proverbial en él: «Lo único que confirmo es que estoy enamorado. No tengo más declaraciones que hacer. Respete mi vida privada».

Si analizamos el desafortunado comunicado de Morgana, observamos que, a pesar de lo que se ha dicho y publicado, la relación de Patricia y Mario en apariencia era normal y afectiva, pero no amorosa. Hacía ya tiempo que ella, más que amante esposa era madre, y como tal se comportaba con Mario. Lo pude comprobar yo mismo en el año 2005, durante unas vacaciones estivales de toda la familia en el hotel Sancti Petri, en la costa gaditana, con los que coincidí. Allí vi a Patricia en todo su esplendor de madre, no solo de sus hijos, sino de Mario, quien solo aparecía a la hora de comer. Después volvía a la habitación mientras la familia disfrutaba de la sobremesa. Además, a Patricia se la veía que mandaba mucho. Era la representación de la mujer madre, dueña de la casa y de la familia en la vida doméstica y cotidiana.

Morgana, si era ella la autora del comunicado, como tal parecía, no dejaba en muy buen lugar a su madre cuando escribe que «hacía apenas una semana que estuvimos con toda la familia en Nueva York celebrando nuestros cincuenta años de casados». Sin darse cuenta de que ya su madre no ocupaba el primer lugar en la vida afectiva de Mario. Sin que nadie lo supiera, sin que nadie lo advirtiera. Ni los hijos ni la nuera Susana Abad, esposa de Álvaro, que colgó en su Twitter dos fotografías del clan al completo con esta frase: «Feliz 50 aniversario, Mario y Patricia».

Mi compañera Pilar Vidal en *El Mundo*, donde entonces colaboraba, escribió: «Patricia no se esconde porque todavía está incrédula y vive con la esperanza de que Mario recapacite y vuelva», sin tener presente que Isabel no es una mujer de amantes sino de maridos. Aunque sea de uno en uno.

PATRICIA SEGÚN MARIO

«Estimado Mario Vargas Llosa: Usted ha encapsulado la historia del siglo xx en una burbuja de imaginación. Ha flotado en el aire por cincuenta años y aún brilla. La Academia Sueca le felicita. Por favor, acérquese para recibir el premio Nobel de Literatura de este año de manos de Su Majestad el Rey.»

Esto sucedía el 10 de diciembre de 2010. Dos días antes, Mario había pronunciado un emocionante discurso en el que hizo una mención especial a su esposa con lágrimas en los ojos. Ante este recuerdo y con todo lo que ha sucedido desde entonces, pero sobre todo en el último año, no puedo por menos que preguntar: ¿cuándo se rompió la magia de aquel amor? ¿En qué momento se convirtieron en una pareja de impulsos controlados y se sintieron más atormentados ambos de lo que parecía bajo una aparente normalidad? ¿En qué momento Patricia o Mario decidieron cerrar los ojos y tirar para adelante, arrastrando su desamor?

Porque no hay duda de que el amor de Patricia por Mario y el de este por ella fue un gran amor. Desde que, casi una niña, se presentó en París para arrancar a su primo de los brazos de su mujer, que también era la tía Julia, y convertirse contra toda la opinión familiar y peruana en su jovencísima esposa.

«Pienso que un gran amor existe cuando uno de los miembros de la pareja sigue siendo fiel y abnegado aunque, a veces,

grite, con Joyce: "Amor, amor, ¿por qué me has abandonado?"»,
escribía yo en mi libro *Dios salve a la Reina* (Temas de Hoy, 1993)
a propósito de la crisis matrimonial de don Juan Carlos y doña
Sofía.

Me permito hacer esta reflexión después de la lectura sose-
gada y reflexionada de aquel discurso en el día más feliz de un
escritor: el de la entrega del máximo reconocimiento universal,
el premio Nobel de Literatura. Lean, piensen y deduzcan.

> El Perú es Patricia, la prima de naricita respingona y carácter
> indomable con la que tuve la fortuna de casarme hace cuarenta y
> cinco años y que todavía soporta las manías, neurosis y rabietas
> que me ayudan a escribir. Sin ella, mi vida se habría disuelto hace
> tiempo en un torbellino caótico y no habrían nacido Álvaro, Gon-
> zalo y Morgana, ni los seis nietos que nos prolongan y alegran la
> existencia. Ella lo hace todo y todo lo hace bien. Resuelve los pro-
> blemas, administra la economía, pone orden en el caos, mantiene a
> raya a los periodistas y a los intrusos, defiende mi tiempo, decide
> las citas y los viajes, hace y deshace las maletas, y es tan generosa
> que, hasta cuando cree que me riñe, me hace el mejor de los elo-
> gios: «Mario, para lo único que tú sirves es para escribir».

Vuelvo a insistir, estaba retratando, no a su amante esposa,
sino a su amantísima madre, que es en lo que Patricia acabó convirtiéndose en la vida del escritor.

Nada que ver con la historia de la prima que se enamoró del
primo que estaba casado con la tía, funcionaria y también escritora, Julia Urquidi, cuando era un jovencito. La historia no cayó
bien en la familia por el parentesco y la notable diferencia de
edad. Ella tenía treinta años; él, diecinueve. Aun así, en 1955,
Mario contrajo matrimonio con su tía política por parte materna. En 1960 se mudan a Francia. A ese París de los años sesenta

llegó Patricia Llosa desde Perú con 16 años a estudiar literatura en La Sorbona. Y, como no podía ser de otra manera, se aloja en casa de su tía Julia y de su primo Mario. Como si el parentesco no fuera suficiente, de nuevo surgió el escándalo familiar cuando Mario y Patricia confesaron su amor, ante la sorpresa de la tía Julia. Mario se marchó a Londres, y, después de un rencuentro con Patricia en Lima, se casó con ella en 1965. Mario encontró la calma amorosa al lado de la prima Patricia. Ella se convirtió en su mujer-agente literaria, su secretaria, la administradora de su hogar y de su fama. La gran madre, en suma. Pero llegó la otra.

En el discurso de aceptación del Nobel, Mario también se acordó de su madre:

> Me gustaría que mi madre estuviera aquí, ella que solía emocionarse y llorar leyendo los poemas de Amado Nervo y de Pablo Neruda, y también el abuelo Pedro, de gran nariz y calva reluciente, que celebraba mis versos, y el tío Lucho, que tanto me animó a volcarme en cuerpo y alma a escribir aunque la literatura, en aquel tiempo y lugar, alimentara tan mal a sus cultores. Toda la vida he tenido a mi lado gente así, que me querían y me alentaban, y me contagiaban su fe cuando dudaba. Gracias a ellos, y sin duda también a mi terquedad y a algo de suerte, he podido dedicar buena parte de mi tiempo a esta pasión, vicio y maravilla que es escribir, crear una vida paralela donde refugiarnos contra la adversidad que vuelve natural lo extraordinario y extraordinario lo natural, disipa el caos, embellece lo feo, eterniza el instante y torna la muerte en un espectáculo pasajero...
>
> Al Perú yo lo llevo en las entrañas porque en él nací, crecí, me formé y viví aquellas experiencias de niñez y juventud que modelaron mi personalidad, fraguaron mi vocación, y porque allí amé, odié, gocé, sufrí y soñé. Lo que en él ocurre me afecta más, me conmueve y exaspera más que lo que sucede en otras partes. No lo

he buscado ni me lo he impuesto, simplemente es así. Algunos compatriotas me acusaron de traidor y estuve a punto de perder la ciudadanía cuando, durante la última dictadura, pedí a los gobiernos democráticos del mundo que penalizaran al régimen con sanciones diplomáticas y económicas, como lo he hecho siempre con todas las dictaduras de cualquier índole, la de Pinochet, la de Fidel Castro, la de los talibanes de Afganistán, la de los imanes de Irán, la del *apartheid* de África del Sur, la de los sátrapas uniformados de Birmania (hoy Myanmar). Y lo volvería a hacer mañana si, el destino no lo quiera y los peruanos no lo permitan, el Perú fuera víctima una vez más de un golpe de Estado que aniquilara nuestra frágil democracia...

Quiero a España tanto como a Perú, y mi deuda con ella es tan grande como el agradecimiento que le tengo. Si no hubiera sido por España, jamás habría llegado a esta tribuna, ni a ser un escritor conocido, y tal vez, como tantos colegas desafortunados, andaría en el limbo de los escribidores sin suerte, sin editores, ni premios, ni lectores, cuyo talento acaso, triste consuelo, descubriría algún día la posteridad. En España se publicaron todos mis libros, recibí reconocimientos exagerados, amigos como Carlos Barral y Carmen Balcells y tantos otros se desvivieron por que mis historias tuvieran lectores. Y España me concedió una segunda nacionalidad cuando podía perder la mía. Jamás he sentido la menor incompatibilidad entre ser peruano y tener un pasaporte español, porque siempre he sentido que España y el Perú son el anverso y el reverso de una misma cosa, y no solo en mi pequeña persona, también en realidades esenciales como la historia, la lengua y la cultura.

Aquel 10 de diciembre de 2010 fue el día más feliz para toda la familia Vargas Llosa, a la que no le importó que una intrusa, Genoveva Casanova, más conocida por «Genoboba», la novia ocasional de Gonzalo, el segundo hijo de Mario, intentara convertirse en la protagonista de la entrega del Nobel a su suegro, «por un día». Para ello se presentó en Estocolmo llevando más de 200.000 euros en Prada, Chanel, Armani, Carolina Herrera, Azzaro y Miguel Marinero, que le prestó cuatro abrigos de piel. Se cambió como quien se cambia de camisa: uno de visón blanco para la cena; uno de zorro rojo para el discurso; y una capa de astracán blanco ribeteado con zorro del mismo color para la gran ceremonia de entrega del premio. Un cuarto, ni me acuerdo. ¡Ah!, y también 120.000 euros en joyas.

Todavía me estoy preguntando cómo Patricia, que entonces mandaba tanto, permitió que esta muchacha utilizara tan importante y seria ocasión para promocionarse en la entrega del premio Nobel de literatura. Ella que no sabe ni quién escribió *El Quijote*, como se pudo comprobar recientemente en una conferencia en la que dijo, entre otras cosas, «no podemos comprender el siglo xviii sin *El Quijote* de... Quevedo».

LOS HIJOS SE MANIFIESTAN: GONZALO EN CONTRA; ÁLVARO A FAVOR

No todos los miembros de la familia reaccionaron de la misma manera ante la crisis matrimonial de sus padres. Morgana, la única mujer de los tres hijos, se puso desde el primer momento al lado de su madre. Natural. Fue ella la que colgó, el 10 de junio, en su cuenta de Twitter el desafortunado comunicado de Patricia, que se hizo público el mismo día de la publicación en la revista *¡Hola!* de la pareja paseando, cogidos de la mano, después de almorzar juntos en un restaurante de Madrid.

Pero entre los hijos varones, Álvaro y Gonzalo, fue este último el más crítico con su padre, e incluso con Isabel, como lo atestiguan las dos entrevistas que concedió a *ABC*: la primera, el 5 de septiembre de 2015, y la segunda, el 13 de febrero de 2016.

La primera casi coincidió con la gala que se celebró en el Commodore Criterion de Nueva York con motivo de la inauguración del nuevo edificio de Porcelanosa en la capital estadounidense, y que supuso la presentación al mundo de la pareja más mediática del momento.

De esta primera entrevista del periodista Martín Bianchi, destacamos lo más significativo:

—Han pasado tres meses de la ruptura de sus padres. ¿Cómo se encuentra su madre?

—Evidentemente, que un matrimonio tan largo y sólido se

interrumpa súbitamente no puede dejar de ser muy duro. Felizmente mi madre es una mujer fuerte, y cada día que pasa la noto más tranquila.

—¿Sus padres ya han comenzado los trámites de divorcio?

—Entiendo que hasta el día de hoy mis padres no han hablado de la opción de divorcio. No hay que olvidar que hace solo tres meses celebraban sus cincuenta años de matrimonio.

—¿Cree entonces que existe la posibilidad de una eventual reconciliación?

—... Lo que sí puedo decir es que, pase lo que pase, mi madre debería sentirse tranquila consigo misma por el compromiso, la lealtad y la fidelidad que le ha demostrado a mi padre durante cincuenta años... Ella se ha ocupado de todo para que él pueda dedicarse exclusivamente a escribir.

—Suena a un matrimonio casi idílico.

—La de ellos dos ha sido hasta ahora en cierta forma una unión ideal: él, un escritor compulsivo, y ella, un ama de casa, esposa, madre y abuela compulsiva. Por eso, con mucha razón, mi padre le hizo ese homenaje tan conmovedor en su discurso del premio Nobel.

—¿Cómo ha afectado la separación de sus padres a la familia en general?

—Nuestra familia se ha caracterizado siempre por ser sumamente unida, tanto es así que muchos nos llaman «el clan Vargas Llosa»... Desgraciadamente desde la separación de mis padres y sobre todo, creo, por la forma tan pública en que esta se dio, la dinámica dentro de la familia ha sufrido un cambio profundo... Esperemos que se trate de algo temporal.

—Desde que comenzó su relación con Isabel Preysler, a su padre se le ha visto frecuentemente en la prensa del corazón, en fiestas o haciendo viajes a lugares exclusivos en avión privado. ¿Qué impresión le causa verle en ese mundo?

—Pues ese, en todo caso, no es el Mario Vargas Llosa que yo conozco. En esto mi padre y mi madre compartieron siempre la misma filosofía: la de vivir con discreción y sobriedad... Para mis padres, este no era solamente un tema ético, sino estético. Para ellos, el lujo, sobre todo cuando se exhibe innecesariamente, ha sido sinónimo de falta de gusto.

—¿Por qué cree que su padre se presta a este juego?

—Supongo que por ser práctico. Si él insistiera en que su nueva relación se desarrollara lejos de las cámaras y de las fiestas, lo más probable es que esa relación no duraría ni un mes más. Supongo que no le queda otra opción que adaptarse, a menos que cambie de pareja.

—¿Cree que esto le hace daño a su imagen como escritor?

—... Me preocupa que su figura de intelectual comprometido, de conciencia moral en Iberoamérica, pueda verse afectada... Si su figura llegara a asociarse injustamente con la frivolidad, me temo que su influencia, sobre todo en el campo político, podría disminuir. Por eso, ningún miembro de su familia nunca ha hecho ni hará nada que pudiera comprometer su imagen.

El 13 de febrero de 2016 Gonzalo responde, otra vez, en *ABC* con la entrevista de Martín Bianchi a las declaraciones que su padre había hecho en *¡Hola!* reconociendo «estar viviendo el año más feliz de mi vida».

—La exclusiva de su padre en *¡Hola!* ha sentado mal a parte de su familia. ¿Por qué?

—Lo que más chocó fue el titular de portada donde decía: «Este año ha sido el más feliz de mi vida». Estoy seguro de que, como escritor, él conoce muy bien el peso de las palabras. Una cosa es que a lo mejor lo piense, pero que lo diga en público delata una falta de sensibilidad, tacto y elegancia alarmantes...

Para varios de nosotros, este año ha sido el más infeliz de nuestras vidas.

—¿Cómo se encuentra su madre?

—... En estos ocho meses no la he escuchado expresarse ni una sola vez con rencor sobre mi padre... No creo que existan muchas mujeres como ella en el mundo.

—Mario tuvo una difícil relación con su padre. ¿Se repite la historia?

—Desde pequeño, en casa, escuché hablar del daño enorme que su propio padre, Ernesto Vargas, les hizo a él y a su madre, Dora Llosa. Qué irónico y trágico que mi padre, que siempre ha sido un paterfamilias ejemplar, haya terminado, sin quererlo, haciéndole daño a su familia. No tengo la menor duda de que la idea de esta última entrevista y de toda la cobertura de *¡Hola!* desde el principio, no ha sido de él, sino de Isabel. Pero un hombre como mi padre, que siempre ha tenido un carácter fuerte, debería poder trazarle límites a su pareja.

—¿Tan grave es que su padre hable de su vida privada? Tiene derecho...

—Esta última entrevista es una manifestación más, probablemente la más grave, de falta de respeto a mi madre. Sigo sin comprender cómo puede haber cambiado tanto. El otro día, recordaba el episodio cuando en 1976 mi padre puso fin a su hasta entonces entrañable amistad con Gabriel García Márquez porque este le hizo un comentario inapropiado a mi madre... Su gran error, y lo que le ha hecho mucho daño a nuestra familia, es que permitió que Isabel y su revista convirtieran su separación en un producto comercial.

—¿Cree que algún día podrá tener un acercamiento con Isabel?

—La verdad es que si ella hubiese actuado de una manera distinta, con cierta discreción y con más sensibilidad hacia mi madre y nuestra familia, yo creo que, después de un tiempo razonable, habríamos podido tener, por lo menos, una relación cordial, como ocurre en la mayoría de los casos.

—¿Cómo reaccionó Mario ante las críticas que ha hecho usted contra él?

—No muy bien. Recientemente incluso ha tomado ciertas medidas en relación conmigo. Asumo que por mis comentarios y críticas en *ABC*... Si Isabel no hubiera llevado este tema del terreno privado al público y si, además, no estuviese poniendo en riesgo la reputación que mi padre se ha ganado como intelectual, yo no me habría pronunciado.

—¿Le sorprende que su padre diga que lleva un año de relación con Preysler?

—Yo creo que se trata más de un lapsus de su parte que de una decisión consciente. En todo caso, es positivo que en la entrevista se haya confirmado la versión según la cual su relación con Isabel comenzó inmediatamente antes o después de que ella le fuera a ver al Teatro Español el 22 de febrero, es decir, por lo menos tres meses antes de que mis padres se separaran... Esto, claro, contradice la versión de Isabel, según la cual el matrimonio de mis padres ya estaba roto desde hace mucho tiempo cuando ella comenzó a salir con mi padre.

—Algunos le reprochan a su padre que haya dado el salto a la llamada prensa rosa, que en su día tanto criticó.

—Hace cuatro años en su ensayo *La civilización del espectáculo* criticó, entre otros, a *¡Hola!* por frivolidad y en general por degradar la verdadera cultura. Y en casa, a lo largo de los años, a menudo le he escuchado referirse con desprecio y burla a esa revista... Ahora mi padre se ha dejado convertir en el coprotagonista de la revista del corazón más importante del mundo... Estoy seguro de que la explicación es más bien que quiere complacer a su pareja.

—¿Lo dice por la frivolidad con la que alguna gente asocia este tipo de prensa?

—Le han dedicado a mi padre decenas de páginas pero nunca han hecho alusión a la otra cara de la moneda, es decir, a cómo esta situación ha afectado a mi madre y a dos generaciones de Vargas Llosa. Y no lo han hecho porque lo que les importa es proteger la imagen de sus «productos estrella», que son Isabel y mi padre; pretender, por lo tanto, que toda esta historia es de color de rosa, que nadie sufra y vender lo más posible.

Por su parte, Álvaro, el segundo hijo de Mario y Patricia, fue el único de la familia que intentó entender la relación de su padre con Isabel, mediante un comunicado en Mediaset. Algo muy importante, ya que es toda una revelación que desmonta, no solo lo que su hermano Gonzalo declaraba, sino también el comunicado de Patricia redactado por Morgana, la tercera de los hijos.

«Mi familia pasa, como tantas en el mundo, por un proceso difícil, pero superable. Mi familia tiene el temple y el temperamento necesarios para afrontar esta situación con serenidad, ánimo y buen humor.

»Mi madre, una gran persona, está muy bien, con muchos planes, amigos y familia. Mi padre está también muy bien trabajando mucho...

»Sí, mantengo un contacto permanente tanto con mi madre como con mi padre. Ella va a venir a pasar unos días conmigo a Washington. La veo bastante bien. A él le veré en Nueva York, donde pasará una semana y tenemos algunos actos donde estaremos juntos.

»Sí, yo me enteré de lo que sucedía por mi hermano Gonzalo porque mi padre, con quien primero habló fue con él, en vista de que ambos estaban en Europa, mientras que yo estaba en Estados Unidos y mi hermana en Lima. Luego mi padre habló conmigo, me lo explicó, y le dije que respetaba mucho su decisión. Él fue, como es siempre, muy honesto con nosotros.

»Los hijos no eligen las parejas de sus padres, del mismo modo que los padres no eligen las parejas de sus hijos. Lo que hacen es tener consideración por sus decisiones y desearles suerte. Eso es lo civilizado y lo justo.»

El comunicado continúa diciendo:

> Mis padres han sido siempre muy deferentes con las parejas de sus hijos: jamás han interferido o expresado objeción alguna en relación con ellas, fueran cuales fueran las circunstancias. Le debemos a mi padre ser igualmente respetuosos con sus afectos y sentimientos, un espacio en el que nadie tiene derecho a inmiscuirse.
>
> Sí, cuando la noticia salió en mayo, ya mis padres se habían separado y habíamos hablado entre nosotros sobre lo que sucedía.
>
> Cuando ocurrió esa reunión familiar en Nueva York, ya varios de nosotros sabíamos lo que estaba ocurriendo. Sabíamos que mi padre regresaría de Nueva York a vivir una vida independiente de mi madre. Era una reunión que se había programado con muchísima antelación y que mis padres no quisieron frustrar por obvias razones: había nietos de por medio, además de hijos; que hubiera una separación en proceso no significaba que no hubiera razones importantes para celebrarlo. Ha sido un matrimonio muy exitoso, como es obvio.
>
> Isabel Preysler me parece una persona interesante, una persona elegante, y evidentemente representa para mi padre algo importante. Nadie hace lo que ha hecho mi padre si no siente por otra persona afecto genuino. Yo respeto profundamente su decisión, exactamente igual que respetaría la decisión de mi madre si ella decidiera rehacer su vida con otra persona.

No me corresponde a mí ni a nadie más que a ellos decidir si quieren casarse, pero mostraría el mismo respeto que le he mostrado hasta ahora y le desearía suerte, como lo haría si se tratara de mi madre. Es lo natural en hijos que tienen consideración por las decisiones de vida que toman sus padres.

El proceso de separación se lleva a cabo de un modo privado y amistoso, y mi deseo es que siga siendo así. Yo estoy seguro de que todo lo que ocurra ocurrirá de una manera civilizada y armónica. Ambos saben que cuentan con mi compañía y apoyo en este proceso. Un proceso en el que sobra cualquier persona que no sean los padres y los hijos.

Así finalizaba este comunicado del mayor de los hijos de Mario Vargas Llosa.

VIAJE DE NOVIOS ANTICIPADO

El 5 de agosto, y mientras los tres hijos de Patricia y Mario se organizaban para estar con su madre, el premio Nobel e Isabel deciden realizar un viaje de novios anticipado a la isla de Mustique, uno de los paraísos del Caribe y una de las islas granadinas situadas en el mar Caribe, de tan solo 5,7 kilómetros y con una población de 500 habitantes.

Les acompañaron, en sus últimos días, sus hijas Tamara Falcó y Ana Boyer y Fernando Verdasco, novio de esta última. La presencia de Ana junto a su madre en los buenos y malos momentos demuestra que la ha apoyado en esta nueva relación, después de los dos años y siete meses que duró la enfermedad de su padre, tiempo durante el que, como la propia Isabel ha explicado, ya no era ni Miguel ni su marido. Hoy, Ana es una joven enamorada que vive su vida con independencia aunque, eso sí, todavía conserva su habitación en casa de mamá.

La isla Mustique es un *it place* frecuentado por famosos, miembros de la realeza y la clase política. Isabel ya la conocía por haberla visitado con su último esposo, Miguel Boyer. El precio de alquiler de una villa por semana oscila entre los 5.000 y los 50.000 dólares, según la ubicación de la villa, sus condiciones y la temporada en la que se viaja. La isla es propiedad de una empresa, la Mustique Company, que tiene dos hoteles y 89 villas privadas. En una de ellas pasaron sus vacaciones, en 2013, el príncipe Guillermo y su esposa Kate.

Se da la circunstancia de que la isla Mustique se hizo famosa gracias a la princesa Margarita de Inglaterra. El dueño de este paradisíaco enclave, el millonario Colin Tennant, que la adquirió en 1959 y que según rumores mantuvo un romance con la hermana de la reina Isabel, ofreció a Margarita una parcela como regalo de bodas. En su terreno, se construyó ella la villa Les Jolies Eaux, y que hoy se alquila a 30.000 euros la semana.

La isla rezuma la perfección, ese concepto de paraíso terrenal. Aquí vivió la propia Margarita noches salvajes de droga, sexo y alcohol con Mick Jagger. Según Christopher Andersen, autor del libro *Mick: The Wild Life and Mad Genius of Jagger* (Mick: La vida salvaje y locura genial de Jagger), el cantante mantuvo en secreto unas relaciones maravillosas con la única hermana de la reina británica. En una de esas fiestas la princesa debió ser trasladada a un hospital por una sobredosis de droga.

A causa de estos escándalos de su hermana, la reina sentía un fuerte desprecio por el cantante; motivos no le faltaban. Por eso, durante muchos años se negó a concederle el título de Caballero, como había hecho con Paul McCartney y Elton John, a pesar de que Tony Blair trató en cinco ocasiones de incluir al «niño maldito» en la lista de honores para que recibiera el título de *Sir*. Finalmente se lo otorgó en 2002.

En la isla de Mustique, Margarita también vivió, estando todavía casada con lord Snowdon, con el jardinero Roddy Llewellyn, diecisiete años más joven que ella. Por ello nunca se entendió que escribiera una muy agria misiva a Sarah Ferguson, duquesa de York, sorprendida con un amigo íntimo casi desnuda en una playa de la costa francesa, mientras este le chupaba los pies, y de ahí para arriba: «¿Cómo te has atrevido a empañar de este modo la reputación de la casa real británica?».

La isla de Mustique siempre figurará como el lugar donde la princesa Margarita fue escandalosamente feliz. Pero, para nosotros, será el lugar que escogieron como el primer viaje de novios Mario e Isabel sin estar todavía casados.

NUEVA YORK SE RINDIÓ A LA PAREJA

«Manhattan se vistió de Hollywood», titulaba la revista *¡Hola!* en la crónica de su enviada especial Roseta L. del Valle en septiembre de 2015, donde cubría uno de los mayores acontecimientos sociales de muchos años. Por dos motivos: la inauguración del nuevo edificio de Porcelanosa y la presentación oficial *urbi et orbi* de los novios del siglo: Isabel Preysler y Mario Vargas Llosa, en el corazón de Nueva York, en el corazón de Manhattan, en la Quinta Avenida, frente al Madison Square Park.

El hasta ahora conocido como Commodore Criterion pasaba a denominarse desde ese día Edificio Porcelanosa, como sede de la nueva tienda insignia de la firma.

Ubicado en un enclave privilegiado de Manhattan, en el cruce entre Broadway y la Quinta Avenida, a la altura de la Calle 25, el nuevo edificio se sitúa justo enfrente del Flatiron Building, junto al Madison Square Park; con una extensión de 1.500 metros cuadrados, necesitó de una profunda remodelación dirigida por el estudio de Norman Foster para convertirlo en la vigesimoquinta tienda de Porcelanosa en Estados Unidos. Para preparar este acontecimiento de la inauguración y de la presentación de los novios del año, durante días quinientos operarios, en turnos de veinticuatro horas, construyeron un «efímero palacio de 3.500 metros cuadrados» para 700 invitados a la cena ofrecida

Isabel Preysler junto a Mario Vargas Llosa y Richard Gere en la inauguración del nuevo edificio de Porcelanosa en la Quinta Avenida neoyorquina.

bajo la gigantesca carpa engalanada con candelabros cuajados de flores blancas. Las mesas de estilo imperio, de 25 metros cada una y con nombres de calles neoyorquinas, estaban recubiertas de manteles negros y caminos de flores. El coste, incluida la magnífica cena (sopa fría de tomate, langosta y ensalada de mango; *filet mignon*, y de postre tarta de chocolate agridulce y de queso estilo Nueva York), superó los tres millones de euros.

Entre los ilustres invitados, se encontraban el actor Richard Gere con su novia, la gallega Alejandra Silva; la actriz neoyorquina Sarah Jessica Parker; Chelsea, hija de Bill y Hillary Clinton; la bellísima modelo Irina Shayk; la siempre elegante Nieves Álvarez, que acudió al sarao con su íntima amiga Nuria González; los toreros Cayetano Rivera y Finito de Córdoba, este último con su mujer Arancha del Sol; los políticos José Bono y Juan

Isabel Preysler, fotografiada durante la celebración de la inauguración del nuevo edificio de Porcelanosa en el corazón de Manhattan. Para la ocasión, escogió un elegante diseño en plata y negro, cuajado de Swarovski cosidos artesanalmente.

Alberto Belloch, el laureado chef Quique Dacosta, el introductor de embajadores, Tomás Terry, y la prestigiosa diseñadora Carolina Herrera. La presencia de Alfonso Díez, duque viudo de Alba, tenía una carga evocadoramente emotiva. Una de las ilusiones de la difunta Cayetana era haber asistido a este gran evento, para el que incluso tenía preparada la ropa que iba a llevar. Se trató de una presencia ausente.

Pero nada ni nadie brilló más esa noche en el Madison Square Park que Isabel y su novio, el premio Nobel Mario Vargas Llosa.

Fue como la presentación en sociedad de la pareja más famosa, en estos momentos, en el mundo mundial. La noche del miércoles todo giraba en torno a los novios del año. Ni en el día de su boda habrá más expectación. Más de un centenar de periodistas americanos y españoles se prestaron a cubrir el evento, considerado el más importante de 2016 en la Gran Manzana, donde tantos se celebran. Desde el *New York Times* a *Vogue*, pasando por revistas especializadas como el *Architectural Digest*, y otras del sector, todas interesadas por la inauguración del espectacular edificio de Porcelanosa.

La comparecencia de Isabel y Mario, o Mario e Isabel, que tanto monta, monta tanto, despertaba cierto morbo por varios motivos. Primero, por la inoportuna declaración de Gonzalo, el hijo del Nobel, descalificando a su padre y su noviazgo con palabras muy duras que ya hemos recogido anteriormente. Segundo, porque la todavía esposa de Vargas Llosa, Patricia, y sus tres hijos habían decidido reunirse en Nueva York para celebrar el cumpleaños de uno de los nietos, a solo unos cientos de metros de donde esa misma noche Mario oficializaba su relación con Isabel.

Para añadir más morbo mediático, esa semana se producían los fallecimientos de dos personas relacionadas directa o indirectamente con Mario y con Isabel: Elena Arnedo, la primera mujer de Miguel Boyer, el último marido de la Preysler, y José María Ruiz Mateos, cuya guerra contra el ex ministro de Economía primero y contra Isabel después se convirtió en un azote en su complicada vida. ¿Acaso alguien ha olvidado aquel intento de agresión al grito de: «¡Que te pego, leche, que te pego!»?

Tuve la oportunidad de alojarme en el mismo hotel de la pareja del momento. La víspera de la gala coincidí con el escritor a la hora del desayuno. Se mostraba, no solo relajado, sino feliz. Nos dimos un abrazo y me agradeció el apoyo a su relación.

Un ejemplo de cómo vivieron este importante y trascendental día es que no les importó acudir a pie, desde el hotel donde se alojaban hasta el Madison Square Park, donde iba a celebrarse la gala a sabiendas de que las cámaras les estuviesen aguardando. Cierto es que la distancia no era superior a los cien metros. La entrada de ambos en el comedor, decorado de arriba abajo con orquídeas, rosas y calas blancas, desde las lámparas de cristal de roca a los *bouquets* de las mesas, respondió a la expectativa. Nada que ver con las llegadas protagonizadas por Richard Gere y su novia o la de Sarah Jessica Parker. Y ni siquiera con la de Chelsea Clinton, rodeada de gorilas, al más puro estilo estadounidense. Durante casi toda la cena Isabel y Mario no dejaron de exteriorizar sus sentimientos cogiéndose de las manos como los dos enamorados que eran. Deseaban que todo el mundo lo supiera.

Había una gran expectación por el gran secreto de la noche: quiénes hablarían.

Lo hizo, en primer lugar, Richard Gere, con una simpática e improvisada disertación sobre Porcelanosa. Le siguió Sarah Jessica Parker, que también improvisó, asegurando que se encontraba con la marca española por cualquier país donde viajaba. La gran sorpresa fueron Isabel y Mario. Ella, leyendo en un perfecto inglés, y él, improvisando en inglés y español. El Nobel explicó que se sentía orgulloso, «como español» lo resaltó bien, de presentar una firma española en el corazón del mundo. Y habló de los dos temas que les unen a Porcelanosa: no tener nunca vacaciones y no jubilarse jamás.

Al final de la cena tuve la oportunidad de felicitar a los novios. «Somos muy felices», me reconocieron. Mario viajaría a Italia horas después, donde tenía que pronunciar unas conferencias, mientras que Isabel permanecería esperándole en Nueva York, la capital del mundo, elegida por la pareja del año para oficializar su amor *urbi et orbi*.

Observando, durante la cena de gala en el Madison Square Park de Nueva York el luminoso de Porcelanosa, sobre el frontispicio de la fachada neoclásica rehabilitada por Norman Foster y su aún más espectacular interior, mi pensamiento voló hacia principios de los años sesenta, cuando dos jóvenes (entonces todos lo éramos) empresarios de Villarreal, un pueblo de Castellón, me visitaron en mi despacho de *¡Hola!* para hablarme de Porcelanosa y pedir mi colaboración para su promoción. Buscaban, con una admirable visión de futuro, una persona famosa, un rostro femenino internacional que pudiera convertirse en la imagen de la empresa.

En aquella época, famosa como muy famosa era Gina Lollobrigida. Y fue ella, el bellezón de *Pan, amor y fantasía*, quien se convirtió inicialmente en icono de la marca, aunque por poco tiempo ya que no dio la talla. Tanto Manuel Colonques como su hermano Héctor ya apuntaban maneras de grandes empresarios que son hoy, junto a José Soriano. Los tres agricultores provenientes del sector citrícola de Villarreal.

Lo cierto es que, recordando esta historia, puedo presumir de haber aportado en su día mi granito de arena para lograr el despegue al mundo de Porcelanosa, cuando Héctor y Manuel Colonques me visitaron en mi despacho madrileño de *¡Hola!* para pedir mi colaboración. Aunque Soriano, fallecido en accidente de coche el 20 de diciembre de 2000, no haya podido contemplar el milagro de clavar una pica en el corazón de Manhattan, sí lo han hecho su hija María José y su yerno Silvestre Segarra, hoy uno de los ejecutivos de la empresa y el hombre que cerró el turno de discursos en la gala del Madison Square Park. Muchos recordarán sus palabras, pero lo que sin duda nadie olvidará fue ver a Isabel y a Mario de la mano ante la prensa y ante el mundo.

LOS DISCURSOS DE ELLA Y DE ÉL

Era la primera vez que se veía y oía a Isabel pronunciar un discurso. Aunque leído, estas fueron sus palabras:

> La familia Porcelanosa ha sido, desde hace más de treinta años, parte de mi propia familia. A lo largo de estas tres décadas hemos crecido juntos, tanto profesional como personalmente, y he tenido la oportunidad de ser testigo y acompañarles en la imparable expansión internacional que han trazado con su trayectoria.
>
> Ha sido gracias al tesón y al esfuerzo de quienes han puesto su alma y plena dedicación en un proyecto que comenzó hace más de cuarenta años en España, impulsado junto a los hermanos Héctor y Manuel Colonques y por el siempre recordado y admirado José Soriano, cuyo testigo ha tomado su familia. Ellos han sabido llevar el nombre de Porcelanosa por todo el mundo.
>
> Me emociona profundamente acompañarles en este acontecimiento tan especial, en su estreno en la Quinta Avenida. Un hecho que simboliza la consolidación de Porcelanosa como una marca a nivel mundial, a la que me siento tan orgullosa de representar y a la que brindo mis más sinceras felicitaciones.

El discurso de Mario fue una improvisación en la que alternó el inglés y el español:

Isabel durante su discurso en perfecto inglés, en la cena de gala.

Mario Vargas Llosa también intervino con su discurso improvisado en inglés y en español.

Señoras y señores, queridos amigos:

Estoy muy contento de participar esta noche en esta inauguración de esta nueva casa de Porcelanosa en Nueva York. Es un hecho importante que sin duda va a incrementar las relaciones económicas entre España y Estados Unidos, y también trabajo y oportunidades a los neoyorquinos.

Cuando esta empresa se formó en los años setenta, sus empresarios tenían que enfrentarse a enormes dificultades. España era todavía una sociedad cerrada, más bien pobre, y la dictadura de Franco la había aislado prácticamente de todas las grandes corrientes políticas, económicas y culturales de la modernidad. Y la había mantenido apartada del resto de Europa.

Pero los admirables empresarios españoles de los años sesenta y setenta combatieron estas dificultades y las vencieron volviéndose modernos, inventivos y globales. De esta manera, las dos familias que fundaron Porcelanosa y que eran cultivadores de naranjas consiguieron en pocos años construir una empresa que, hoy en día, está establecida prácticamente en todos los lugares importantes del mundo y que puede jactarse de tener ventas anuales de más de 1.100 millones de dólares.

Un extraordinario éxito que comenzó prácticamente en los más modestos orígenes.

Es magnífico que una compañía de estas características venga a instalarse en Nueva York, ahora que en Estados Unidos hay toda una discusión sobre la contribución de los países de lengua española al desarrollo y a la prosperidad de los Estados Unidos.

Les deseo el mejor de los éxitos.

Una última cosa: me han dicho que los dueños de Porcelanosa y quien les habla tenemos dos cosas en común: la primera es que acostumbramos trabajar en nuestras vacaciones; la segunda, que nunca nos jubilaremos. Estoy muy contento de estar con ellos.

Ahora, hagamos un brindis. Deseándole el mejor de los éxitos en su aventura americana.

Salud y muchas gracias.

A propósito de este viaje, Mario reconoció que «fue maravilloso, con una tranquilidad que normalmente no solemos tener. Hemos podido hablar mucho y conocernos mejor. Fuimos muy felices y sirvió para reforzar nuestra relación... Esperamos que lo nuestro sea una relación larga, duradera y feliz».

Recordando estos viajes, y concretamente este a Nueva York, Isabel confesaba a la revista *Elle*, a mi compañera María Pina en la otra crónica, en *Look*: «Cuando voy en avión siempre corto los calcetines para que no dejen marcas, saco una bolsita con mi comida, me pongo mi collarín para dormir... Organizo todo mi *kit* y Mario se queda ahí mirando perplejo y me dice: "Sabes que estás rematadamente loca, ¿verdad?". Yo le digo: "Pero, Mario, ¿tú te crees que estaría contigo si no estuviese rematadamente loca?" Y así estamos todo el tiempo».

YA VUELVEN LOS NOVIOS DONDE SOLÍAN…

La frase, que no es exactamente así, sino «ya vuelve el español donde solía», me vale aquí para escribir sobre el viaje que Mario e Isabel hicieron a Nueva York, el 10 de octubre de 2015, un mes justo después de que en la Gran Manzana, en el corazón de Manhattan, se presentaran oficialmente al mundo como pareja y donde oficializaron su noviazgo.

Con la duquesa de Alba en el palacio de Escocia.

El príncipe de Gales visitó la nueva planta de producción de la empresa, en la que se ofreció una exclusiva cena en su honor, con importantes representantes del cine, la cultura, la moda y la sociedad internacional, como la actriz italiana Sofía Loren, el tenor español Plácido Domingo y, por supuesto, la imagen de la empresa, Isabel Preysler.

¿Cómo pudo una empresa española, afincada en un pueblo de Castellón como Villarreal, conseguir que el príncipe heredero de la monarquía más importante del mundo acudiera a una cena con sus directivos y un grupo de invitados? Se trataba nada menos que del hijo de la reina más reina de todas las que en el mundo son. Y lo es tanto que incluso el rey Faruk de Egipto, cuando lo derrocaron, declaró no sentirse especialmente triste porque, dentro de unos años, en el mundo solo quedarían cinco reyes: los cuatro de la baraja y la reina de Inglaterra. La madre de Carlos.

La relación del príncipe de Gales con la firma viene de lejos. Ya en 2002 Porcelanosa patrocinó el primer trofeo benéfico Porcelanosa de polo, que se celebró en Highgrove, y en el que participó el príncipe de Gales junto a su hijo el príncipe Guillermo. Isabel Preysler y la *top-model* Claudia Schiffer entregaron los premios, que fueron destinados en su integridad a las causas benéficas presididas por el príncipe de Gales.

Momento en el que Isabel entrega el premio al príncipe de Gales, en 2002.

En esta foto, tomada en el año 2003, Isabel aprece junto a Carolina Herrera y su marido, y John Travolta.

En 2003, se celebró la segunda edición del trofeo Porcelanosa de polo con fines benéficos y también contó con la participación del príncipe Carlos de Inglaterra. El actor John Travolta asistió invitado por Porcelanosa. Y, por supuesto, Isabel.

En 2004, el príncipe ofreció una cena en honor de la empresa española para agradecer su colaboración con la fundación que él preside. La modelo Claudia Schiffer y la bailaora española Sara Baras fueron algunas de las invitadas en nombre de la empresa española.

En 2005, la empresa patrocinó el tercer trofeo de polo en Highgrove, con la participación del príncipe de Gales y la presencia del reconocido actor Pierce Brosnan, famoso por su papel de agente 007, la *top-model* argentina Valeria Mazza, y el golfista español Sergio García.

El 1 de febrero de 2011, un concierto precedió a la cena de gala que el príncipe de Gales ofreció a sus colaboradores en Buckingham Palace, a la que asistieron aproximadamente 250 personas, con una amplia representación de invitados de la empresa española, entre ellos la duquesa de Alba junto a la imagen de la empresa, Isabel Preysler.

La duquesa de Alba volvió a estar presente, esta vez junto a su ya marido, Alfonso Díez, en la recepción que el príncipe ofreció en 2012 en agradecimiento de la empresa por su contribución a la rehabilitación del palacio de Escocia para convertirlo en una fundación benéfica que creara empleo en la comunidad. Un año más tarde, el palacio de Saint James fue el escenario en el que Carlos de Inglaterra quiso agasajar a sus invitados. Isabel Preysler y sus hijos fueron algunas de las caras más conocidas de la velada.

En 2014, Sarah Jessica Parker quedó deslumbrada por la belleza del castillo de Windsor, donde ella e Isabel compartieron mesa con el príncipe, en una muestra más de agradecimiento

Isabel, acompañada de Pierce Brosnan, en 2005.

Con Jessica Parker, en el castillo de Windsor, en 2014.

del heredero a las contribuciones de la empresa en sus fundaciones benéficas.

La última ocasión se produjo el 26 de mayo de 2015, cuando el príncipe ofreció una cena en Buckingham Palace a la que asistieron 200 personas. En representación de la firma acudieron sus directivos junto a la cara más representativa, Isabel Preysler, en esta ocasión acompañados por Mario Vargas Llosa.

ISABEL, IMAGEN DE MARCA

La historia de Porcelanosa se remonta a 1973, cuando José Soriano, junto con Héctor y Manuel Colonques, todos ellos de Villarreal, Castellón, y empresarios del sector agrario, en concreto del cítrico, se asocian para crear una empresa dedicada a fabricar azulejos de pasta blanca. La visión de futuro, el conocimiento del sector y el espíritu emprendedor de todos ellos fueron determinantes a la hora de ver grandes oportunidades en un mercado todavía incipiente. Hasta la fecha, en España se habían realizado intentos de fabricación de azulejos de pasta blanca a nivel de laboratorio, y Porcelanosa fue la primera empresa que apostó por su desarrollo a escala industrial. Hasta ese momento nadie se había atrevido, en el sector, a producir con esta materia prima; era una cerámica de mayor calidad,

Isabel posa para los fotógrafos tras el anuncio de su contrato y rodaje del primer spot como imagen de Porcelanosa.

sobre todo en los acabados —brillo, color y profundidad de los diseños—, pero de difícil aplicación al no disponerse de la tecnología adecuada para utilizarla. Pese a ello, no escatimaron esfuerzos y poco a poco se fueron solucionando todos los problemas que iban surgiendo, hasta conseguir introducir en el mercado un azulejo que destacaba por su acabado, nitidez y profundidad en los colores. De ahí el nombre de Porcelanosa, en cierto modo intentando transmitir la semejanza con la porcelana.

Una vez consolidada y en marcha la compañía, Manuel Colonques, *alma mater* y *pater* de la empresa y con una visión muy amplia y moderna, sabe que no basta con lo entonces conseguido, que era mucho. Pero él iba más lejos. Sabía que las grandes, grandísimas marcas, se apoyan para su promoción y expansión en *celebrities*. Sabe que a menudo lo que venden no es la marca en sí, sino el rostro que esta decide darle a su producto. Para eso, no hay nada como un famoso o famosa con los que el consumidor pueda identificarse. Aunque no solo debe tener en cuenta el atractivo físico de un *celebrity*, sino que también sea capaz de

Imagen de la rueda de prensa posterior.

transmitir respeto y familiaridad al público y se convierta en referente para grandes grupos de consumidores que identifiquen las cualidades del producto con las del personaje: belleza, exclusividad, estilo de vida.

A veces, si la persona es muy conocida se corre el riesgo de centrar más la atención en él que en el producto. Pero merece la pena pues ven en ella glamour y popularidad.

Firmas muy consolidadas y prestigiosas a nivel mundial utilizan a famosos como George Clooney (Nespresso); Zidane (Mango); Madonna (Versace); Nadal (Tommy Hilfiger); Roger Federer (Rolex); Beyoncé (Pepsicola); Gisele Bündchen (Chanel); Julia Roberts (Calzedonia y Lancôme); David Beckham (Nike); sin olvidar al precursor de todos ellos, John Wayne (Camel) en la década de los cincuenta.

Puesto que la cuna de la cerámica era Italia, y puesto que Porcelanosa busca desde sus inicios su posición a nivel internacional, en 1983 da comienzo la asociación de la marca con una *celebrity* con la contratación de Gina Lollobrigida. Ella va a ser imagen de la firma durante pocos años, con campañas de publicidad vía televisión, revistas y folletos.

En noviembre de 1984 aparece en la prensa el siguiente remitido: «La cooperación entre Gina Lollobrigida y Porcelanosa sigue mostrándose fructífera. Esta firma acaba de obtener otro importante éxito en la feria de Bolonia (Italia)». Pero Gina no dio la talla. A ella lo que le interesaba era la fotografía, y daba las grandes palizas continuamente porque lo que deseaba era que el rey Juan Carlos posara para ella. De todas formas, le sirvió a Porcelanosa para darse cuenta de lo importante que era una famosa como imagen de marca.

Manuel Colonques no se rinde y decide dar un paso más adelante, y se va, como hemos contado ya, a Madrid en busca de Isabel Preysler, que había comenzado a ser ya una de las figuras

Con George Clooney, en el año 2012.

más famosas y populares de España. Para ello se desplaza a Arga, número 1, y la contrata. Héctor, su hermano, reconoce que conseguir que Isabel accediera a convertirse en la imagen de la marca no resultó una tarea sencilla, porque, como hemos recordado anteriormente, tenía entonces un medio compromiso con Galerías Preciados. Pero siempre dice Isabel que vio en Manuel un hombre tan transparente y tan cándido, con esa mirada tan azul y tan limpia, que no pudo decirle que no. La entrada de Isabel en Porcelanosa aportó a la firma mucho glamour y mucha categoría.

Mientras Julio Iglesias velaba sus armas en el hotel Son Vida de Palma de Mallorca, en vísperas de su entrada triunfal en Madrid, su ex esposa, la ex marquesa de Griñón, se anticipaba a su marido compareciendo ante una tumultuosa rueda de prensa para anunciar el fin del rodaje de los dos nuevos *spots* publicitarios realizados para la firma Porcelanosa. Fue algo así como un *tour de force*, como dirían los franceses, o mejor, un mano a mano para demostrar, tal vez, quién de los dos tenía mayor poder de convocatoria periodística.

Como definieron los responsables de promoción de la firma para la que Isabel empezó a trabajar como modelo publicitario, los nuevos *spots* de Porcelanosa aspiraban al *top* de la belleza, la elegancia y la calidad. El afortunado resultado conseguido resultaba patente ante la imagen de Isabel Preysler, que, como nunca en su vida, se hacía merecida acreedora de las tres cualidades mencionadas.

La prensa se reunió ante una sencilla mesa en la que, además de la estrella del *spot*, se sentaban los responsables de promoción, el realizador y el coreógrafo de los dos anuncios, rodados durante cinco días seguidos, en horario intensivo. Isabel vestía un precioso vestido fucsia, con broche de brillantes en la cintura y hombros totalmente descubiertos, con una sencilla gargantilla doble de pedrería y unos vistosos pendientes de brillantes blancos y rosas, como puede advertirse en la fotografía que publicamos en este libro. No puede caber ninguna duda de que estaba francamente resplandeciente. La imagen de aquella época, nada que ver con la de hoy. Cierto es que han pasado muchos años, como casi treinta. Quizá algo nerviosa, tras la formal mesa de la rueda de prensa, por el gran número de fotógrafos que dispararon sus *flashes* sobre ella. Después de una breve presentación a cargo del jefe de promoción de la firma, Isabel se dedicó por completo, rechazando las copas de champán y los canapés que le ofrecían constantemente los miembros del equipo de rodaje y aceptando ocasionalmente un cigarrillo («negro y bajo en nicotina, por favor»), a las preguntas de los informadores.

—Creo que ha sido una experiencia más que divertida, y eso que ha sido bastante dura. Tengan en cuenta que nos levantábamos todos los días a las siete y media para estar rodando a primera hora de la mañana.

—¿Qué era lo que más le preocupaba del rodaje?

—Que me hicieran actuar, hablar, bailar. Reconozco que no tengo mucha soltura hablando, y eso era lo que se me hacía más difícil.

—Pero no ocurrió...

—No, claro. La verdad es que todo el equipo me ha tratado maravillosamente, ayudándome y animándome incluso cuando había días que estaba muy cansada. Hacer todo este esfuerzo me costaba mucho.

La proyección de estos *spots* publicitarios se anunciaba en televisión como si se tratara de un gran acontecimiento, como el estreno de una gran película.

Son ya casi treinta años ininterrumpidos los que unen a Isabel con la firma. Se considera que la imagen de ella ha sido desde el principio una gran ayuda por su elegancia y por el buen gusto que representa. Pero nada que ver la Isabel de hoy, llena de fuerza y de glamur con la de aquel día de su primer spot. La fotografía que aquí reproducimos es elocuentemente expresiva de lo que decimos. Se trataba de un valioso diamante en bruto del que ha salido la joya de hoy en día y que la ha convertido en una de las mujeres más glamurosas no solo de España sino del mundo: artistas, aristócratas, políticos e intelectuales de primerísimo orden se han rendido a sus pies.

ISABEL SEGÚN MANUEL COLONQUES

«Parece que fue ayer cuando me atreví a llamar a la puerta de tu casa madrileña, en Arga, 1, la más mediática de entonces y ante la que la prensa de todo el país había puesto sitio intentando captar todos tus movimientos. Nunca se había visto nada igual en España.

Isabel Preysler, en las primeras campañas como imagen de Porcelanosa, en 1986.

»Siempre me he puesto grandes retos en mi vida. Como fue convertir en realidad, con ayuda de mi hermano Héctor, el sueño de nuestro inolvidable José Soriano.

»En 1983 casi lo habíamos conseguido. Pero nos faltaba alguien que aportara a una simple baldosa, a un baño, a una cocina, el glamur, el encanto natural que fascina y del que carecía, el hechizo mágico y oculto que afecta a la percepción visual mostrando los objetos que fabricábamos de una manera diferente, presentándolos de forma atractiva, magnífica, y aportando la belleza y la elegancia que intentábamos que tuviera Porcelanosa: tu buen gusto. Y un día me armé de valor, toqué a tu puerta para hablar contigo, aun a sabiendas de que andabas en conversaciones con Galerías Preciados. ¡Qué osadía! Era la primera vez que lo hacía. No olvidaré aquel momento. Sabía que reunías las tres cualidades que nosotros pretendíamos imprimir a nuestros productos: belleza, elegancia y calidad.

Isabel, con su gran amigo y «jefe», Manuel Colonques, presidente de Porcelanosa, durante la cena de Navidad del año 2014. Isabel es su mejor embajadora desde hace más de treinta años.

»No nos equivocamos. Desde entonces, decir Porcelanosa es decir Isabel.

»Después de tanto tiempo estando con nosotros, siempre con la mejor de tus sonrisas, es una satisfacción escribir estas líneas agradeciéndote todo lo que has aportado para esta tu gran familia.»

Una Isabel elegantísima posa en los salones de Clarence House en la Navidad de 2008.

Isabel, en Barcelona, en diciembre de 2013.

Isabel, en octubre de 2014, en esta ocasión en unos estudios de Beverly Hills.

IMAGEN DE OTRAS MARCAS

De una de ellas, Ferrero Rocher, la familia más rica de Italia, ya que son los fabricantes de productos tan populares como los bombones, los huevos Kinder o la Nutella, se trata de la tercera mayor empresa del mundo dedicada al chocolate, con una facturación global de 9.000 millones de euros y que celebra este año el 25 aniversario de su lanzamiento al mercado. En 2014, la marca comercializaba 175 millones en bombones, de los cuales casi el 30 % se vendía en Navidad. Alcanzó su mayor esplendor y popularidad cuando decidió asociar su imagen a Isabel Preysler, recreando una recepción en casa del embajador, o lo del mítico chófer Ambrosio que hacía aparecer una bandeja de dorados bombones Ferrero Rocher en el interior de un lujoso Rolls-Royce para complacer a su señora.

«Quienes le ha visto rodar anuncios en un plató hablan de su profesionalidad y su disciplina, pero también de su firmeza para saber lo que le conviene», según María Eugenia Yagüe. «Ella dirige todo, manda y aporta mucho. Sabe lo que es mejor para ella», asegura un publicista.

Con Chrysler, algo parecido. Según la conocida periodista María Eugenia Yagüe, hace años que Isabel aparece junto a un modelo de marca estadounidense, pero no existe ningún contrato. Preguntados los responsables de la marca si la colaboración de Isabel repercute en la venta de los coches, «sin ninguna duda —afirma el responsable de Chrysler—: Ella ejerce un gran poder de fascinación, transmite algo importante». Isabel fue durante años imagen de Suárez, la gran firma de la alta joyería española, que se pone en marcha en una pequeña tienda de unos veinte metros cuadrados, en la década de los setenta. El proyecto de la familia Suárez, Emiliano y Benito. En 1974, fallecen en accidente el señor Suárez padre y su esposa Sara. En 1982, y a pesar de la nostalgia, los hermanos Suárez deciden emprender su proyecto en Madrid inaugurando una tienda en la calle Serrano, 63. En 1990, inauguran su segunda tienda en Madrid, también en la calle Serrano, 62.

En 2003, el grupo Suárez abre sus puertas en Barcelona en el emblemático paseo de Gracia.

En 1998, contratan a Isabel Preysler como imagen de marca, que lo fue hasta 2011, en que decidieron renovar la imagen de la casa con la modelo y actriz francesa Laetitia Casta, fotografiada por el gurú de la fotografía Mario Testino. Este momento coincidió con la enfermedad de Miguel Boyer, durante la cual Isabel no estaba para otra cosa que para cuidarle.

Pocas semanas después de la muerte de Miguel, el joyero catalán Esteve Rabat, con gran olfato empresarial, decidió contratar a Isabel. En la fiesta de Porcelanosa en Nueva York ya llevaba diseño de Rabat, «llamativo y potente».

La historia de este joyero comenzó en 1977 en Badalona, un municipio marino que limita con Barcelona. Esteve Rabat recibió un taller de joyero como pago de una deuda. Ahí se inició el recorrido del joyero, que, pasados los años, se convertiría en una de las firmas más prestigiosas del sector. Rabat sigue siendo una marca familiar en la que Esteve comparte la labor empresarial con su hijo Jordi, sin olvidar nunca la intuición y la habilidad empresarial de su esposa Cuca Bergadá, muerta hace unos años. Isabel Preysler fue la imagen oficial de la inauguración de un nuevo e importante local en el paseo de Gracia de Barcelona, en octubre de 2015. Se convirtió en el acontecimiento social del año en la capital catalana. Isabel llegó vestida con un elegante mono de Elie Saab, escogido por su estilista Cristina Reyes, y con un Rolex de oro rosa y brillantes. Este acto supuso la ruptura total con la firma Suárez.

Isabel con sus tres hijas, su hijo Julio José y la mujer de este último, en el año 2009.

ENAMORARSE A LOS ¡OCHENTA!

En el semanal de *ABC* del 28 de febrero de 2016 Mario abrió las puertas de la casa de Isabel, en Puerta de Hierro, y en la biblioteca que había sido de Miguel Boyer realizó unas curiosas declaraciones que entresacamos en estas páginas. En esa entrevista habló con admirable espontaneidad de su amor por Isabel.

Mario Vargas Llosa es consciente de que enamorarse a los ochenta años puede rejuvenecerle o acabar «hecho polvo», sin duda alguna. Por eso hay que mantenerse activo y bien. Con esfuerzo y disciplina. Y recuerda los consejos que su amigo Jorge Edwards le dio a una señora: «A los cincuenta años hay que tener una conducta».

«Yo esto lo tengo muy presente, porque, si a los cincuenta hay que tener una conducta, no digo yo a los sesenta, a los setenta y a los ochenta: nada de excesos», confirma el escritor.

Mario es tan positivo, tan vital, que eso tan vulgar de «ya no tengo edad para ello» sería una especie de abdicación. Siempre hay que estar abierto a la imaginación visible. La vida, a la vez que superas pruebas muy duras, te ofrece también cosas maravillosas, y una de ellas es el amor. No hay que negarse a vivirlo hasta el final.

Reconoce en esta entrevista los años que tiene, «que son muchos», pero no hay que entristecerse por ello.

A sus amigos les preocupa que a su edad no le dé vértigo tirar la casa por la ventana.

—No, no, no siento ningún vértigo. La vida es una aventura que hay que vivirla, porque la aventura es una de las expresiones maravillosas de la vida. Toda existencia que se vuelve una rutina se empobrece muchísimo y, aunque no hay que buscar la aventura por la aventura, las posibilidades que te ofrece la vida son muchas y muy diversas, y no hay que rehuirlas: hay que vivirlas. Creo que lo más bonito que te puede dar la vida es la posibilidad de cambiar, de renovarte, de ser distinto y de reinventarte continuamente.

¿A los ochenta años? ¡¡Increíble!! Ignoro si será verdad o mentira, pero en la entrevista que se mantuvo en la biblioteca de la casa de Isabel para el semanal de *ABC* del 28 de febrero de 2016 (se criticó que se hiciera en la biblioteca, delante de los libros de Miguel Boyer), los periodistas le recuerdan que ha pedido a sus amigos que no le digan que va a cumplir 80 años.

—¡Pues me lo recuerdan todo el tiempo! Yo creo que no hay que tenerle miedo a los años. Uno debe hacer su vida y mantenerse hasta el final. Lo más importante es no perder la ilusión, y eso es lo que yo llamo mantenerse vivo: a tener proyectos, a no morirse en vida, a no llegar muerto a la muerte. [...] Y siento que mi relación con Isabel ha contribuido muchísimo a este estado de ánimo. Puedo afrontar mis ochenta años sin temor.

—¿Qué ha significado el amor en su vida?

—El amor es como la literatura, algo que enriquece extraordinariamente la vida. Creo que es más difícil de comunicar. El amor es algo que se vive en la intimidad. Y esa relación, que es una relación tan intensa —probablemente la más rica de las relaciones que tienen los seres humanos— requiere al mismo tiempo una gran intimidad, requiere preservar una especie de confidencialidad, porque cuando se hace pública se estropea, se

Esta foto de Mario Vargas Llosa, con el retrato de Isabel al fondo, está tomada en la residencia de Isabel, el pasado mes de marzo.

mediocriza, se banaliza, ¿no es verdad? Pero es la experiencia más enriquecedora que existe. Todo es distinto cuando tú vives una gran pasión: las cosas son mejores, todo es más bello, hay un optimismo con el que tú te enfrentas a la vida, que solo te da el amor. Entonces es la experiencia fundamental, la experiencia más enriquecedora y al mismo tiempo también puede ser una fuente de grandes sufrimientos, desde luego. Las tragedias vienen del amor, de los amores desgraciados. Siempre hay una especie de idealización tal de lo que es esa relación que muchas veces te estrellas contra la realidad. Pero, aun así, yo creo que nadie estaría dispuesto a sacrificar un amor, pese a que el amor tiene también secuelas traumáticas, a veces terribles. Pero nadie, porque vivir esa experiencia es la experiencia de las experiencias. La más plena, la más intensa, la más absoluta.

El periodista le pregunta ¿qué sentido tiene el amor a su edad?

—Yo creo que el amor no tiene mucho que ver con la edad. ¡Hombre!, el amor de un joven es más idealista, más inocente. El amor de un adulto, el amor de un viejo, ¡claro!, es un amor que está hecho ya de muchas experiencias acumuladas, se enfrenta con mayor sabiduría, con un mejor conocimiento de la realidad. Pero, aparte de esas diferencias, creo que la exaltación, el goce, esa sensación de optimismo frente a la vida que te da el amor se vive exactamente como cuando la vive un adolescente.

ISABEL DE NUEVO... MARQUESA

El marquesado de Mario Vargas Llosa fue uno de los últimos títulos nobiliarios de los cincuenta y tres concedidos por don Juan Carlos desde el 22 de noviembre de 1975 hasta el 19 de junio de 2014, en que abdicó.

El gran Ortega y Gasset creía, con enérgica convicción, que la sociedad humana es siempre aristócrata, quiera o no, por su esencia misma. Pero existe una minoría, muy minoritaria, que hasta tiene su particular «ministerio»: la Diputación Permanente de la Grandeza. Me gustaría informar a Mario de que desde el 3 de febrero de 2014, en que, por el Real Decreto 124/2001, su Majestad el rey Juan Carlos le concedía el título nobiliario, entraba a formar parte de los 2.205 españoles «diferentes» porque ellos, solitos, están en posesión de 2.877 títulos entre un infantado, seis ducados, 35 marquesados, seis condados, un vizcondado y una baronía. Las dos cifras no concuerdan porque algunos, como la Casa de Alba, tienen 46 títulos.

Mario fue uno de los diez últimos de las 53 personalidades a las que don Juan Carlos, «queriendo demostrar mi real aprecio», les distinguió con un título nobiliario. Lo de la nobleza, ya la tenía, y sobrada.

Ese mismo día también se convertía en marqués Vicente del Bosque González, el futbolista, entrenador y seleccionador nacional, con el marquesado de Del Bosque; el jurista y catedrático Aurelio Menéndez con el marquesado de Ibias; y Juan Miguel Villar Mir, con el marquesado de lo mismo. Todos ellos para sí y sus descendientes. Pero lo cierto es que ha habido algunos que han pedido al rey que solo fueran vitalicios. Posiblemente para evitar problemas entre los descendientes a la hora de la herencia. Excepcionalmente lo son las infantas Elena y Cristina, a quienes su padre les concedió, con motivo de la boda, los ducados de Lugo y de Palma, título que han de volver de nuevo a la Casa Real. De todos es sabido que, a la infanta Cristina, su hermano se lo retiró por mala conducta.

Pero, en el caso de Mario, que ya es Príncipe de Asturias de las Letras de 1986, premio Cervantes de 1994 y premio Nobel de Literatura 2010, amén de académico de la lengua, ¿qué puede significar ser marqués? Hay que tomarlo con humor. Como él mismo declaró: «Los cholos somos plebeyos».

Se da la curiosa circunstancia de que, con este marquesado, Isabel Preysler volverá de nuevo a ser marquesa. Como lo fue desde el 23 de marzo de 1980, día en que se casó con Carlos Falcó, convirtiéndose por matrimonio en marquesa de Griñón, hasta el 15 de junio de 1987, en que se divorció. El día en que se case con Mario, posiblemente este mimo año 2016, será automáticamente dos veces Vargas Llosa: como señora de y marquesa de lo mismo.

Cierto es que tanto a Isabel como a Mario el marquesado no les aporta socialmente nada, absolutamente nada. Para empezar, durante los siete años que estuvo casada con Carlos Falcó, no recuerdo que ni una sola vez hubiera utilizado el título ni se hiciera llamar «señora marquesa». Cuando lo era, nunca lo hizo. Llamarla «señora marquesa» era una ofensa a su nombre, a su apellido, que, al igual que pensaba Camilo José Cela, vale mucho más que cualquier título nobiliario. Su personalidad es tan fuerte, tan arrolladora, que sería hasta sarcástico llamarla «señora marquesa».

De Mario más de lo mismo o muchísimo más. El premio Nobel lo nubla todo. De literatura solo lo han recibido, desde 1901, ciento diez escritores, muchos menos Nobel que aristócratas españoles.

Pocas son las personas que se han hecho acreedoras de ser conocidas solo por el patronímico: Juan Carlos, Sofía, Felipe, Letizia, Sabino, Julio, Rafael... Si nos tomamos la molestia de fisgar en las hemerotecas la conciencia de nuestro tiempo, veremos que a Isabel se le ha llamado siempre por su nombre de pila, por su apellido, o simplemente «niña Isabel». Solo su suegra, la madre de Julio, que la detestaba, la llamaba «la china» o «la filipina», o... cosas peores.

Nada que ver el comportamiento ejemplar de Isabel Preysler con el de Marina Castaño, ni Mario Vargas Llosa, afortunadamente, con Camilo José Cela. Cuando el rey Juan Carlos le concedió, el 17 de mayo de 1996, el marquesado de Iria Flavia, Marina, a diferencia de Isabel, incorporó a su sueño de grandeza el título nobiliario. Dicen que se hacía llamar por el servicio «señora marquesa», y famosa es la anécdota (¿verdad, mentira?) que se contaba en los mentideros madrileños y que, como diría Luis María Ansón, «no se hablaba de otra cosa». Se refería al enfado de Camilo cuando se enteró de que a Marina, su esposa, no le habían reservado mesa en un restaurante porque la había pedido a nombre de la marquesa de Iria Flavia. «¡Coño!, la próxima vez reserva a nombre de Camilo José Cela.» Llevaba toda la razón.

También dicen que Marina hizo bordar el escudo del marquesado en sábanas, albornoces y toallas. ¿Otra maldad? Puede. Siempre ha caído tan mal... Mario Vargas Llosa y Camilo José Cela solo tienen en común que son premios Nobel de literatura y que ambos han tenido otra esposa: Camilo, a Rosario Conde; Mario, a Patricia Llosa han sido sus primeras lectoras. A lo mejor, secretarias. Y las dos, madres más que esposas. Pienso que Patricia, al igual que Rosario, manejaban al escritor, atendían las visitas, ponían orden en la casa y todos los días pasaban a limpio los originales. «Nunca fui una esclava. Hacía esto porque quería hacerlo», declaró la mujer de Cela. También tuvo la grandeza de confesar, antes de morir: «no tengo que perdonarle nada a Camilo» y, al igual que la mujer de Mario, voluntariamente y de forma casi obsesiva no quiso jamás ningún protagonismo.

Charo nunca habló con Marina, pero en la clínica de Madrid donde operaron a Cela de diverticulitis en 1989, con discreción, la esposa del Nobel abandonaba la habitación del escritor para que él pudiera verse con Marina.

Solo hay algo en común en las dos mujeres: según el hijo de Cela, Camilo, «mi madre jamás ha hablado mal de mi padre. Ni ahora ni en la separación». Y Gonzalo, el hijo de Mario, en declaraciones a *ABC*, a Martín Bianchi, que ya hemos recogido anteriormente también decía algo similar: «A mi madre no la he escuchado expresarse ni una sola vez con rencor sobre mi padre». ¡Qué grandes señoras las dos!

Respecto a su recién adquirido marquesado, Mario decía lo siguiente: «Nunca imaginé que me hicieran marqués. Pero me lo tomé con mucho agradecimiento. La monarquía ha sido una bendición para España. Precisamente en estos momentos. Si hay una institución que resiste ese movimiento —en mi opinión, totalmente insensato— del independentismo, de la secesión y de la ruptura de España, es la institución monárquica, sin ninguna duda. Es la única institución que está por encima de esa ruptura y situación que está socavando mucho a España. Yo siempre he dicho que nací y moriré plebeyo. ¡Pues ya no lo soy! Gracias a su majestad don Juan Carlos, yo ya no soy plebeyo. Es una condición que me ha otorgado, y me siento muy cómodo con ella y muy reconocido por su parte. Hay circunstancias en que hay que utilizarlo, y lo hago, pero tampoco es algo que deba ir exhibiéndolo por calles y plazas. No sería de buen gusto».

EL HORÓSCOPO DE ISABEL

Según el periodista y escritor Lluís Fernández, en su libro *Isabel Preysler, la divertida biografía de una santa filipina* (Temas de Hoy, 1991), «los nacidos bajo el signo de Acuario son tremendamente emotivos e inestables, pero no va con ellos el orgullo, sino las suaves maneras de quien se realiza a través de los demás, de la sociedad y las instituciones. Un acuario ejemplar fue la emperatriz Sissi de Austria.

»Tienen los acuarios una notable intuición para saber lo que piensan los demás. Eso les convierte en personas adorables. Son hábiles diplomáticos y reservados, pero se enfrentan sin miedo a las dificultades con resolución y entereza. Llevan una existencia imprevista lejos de la linealidad de la vida acomodada pues, frente al agobio, suelen tomar las resoluciones más tajantes. Laboralmente, no soportan la rutina y tienden a adoptar posturas novedosas.

»Dicen que la mujer acuario posee un gran encanto personal, como si conjugara la naturaleza de distintas mujeres. Por ello, sus reacciones son tan apasionantes como imprevisibles. Siempre es capaz de ofrecernos una cara oculta que desconocíamos. Su elegancia es innata y su sello inconfundible. Sus gestos son suaves, su mirada intensa, su mente clara y diáfana, dispuesta a absorber todo lo que pueda enriquecerla.

»En el amor, acuario es el signo de la máxima seducción, del amor pero no de la pasión. En sus relaciones afectivas, buscan un amigo, a alguien con quien compartir sus anhelos, pues solo son fieles a sí mismos, a su moral particular. Sin embargo, el amor de los acuario se recuerda toda la vida y deja más dulzuras que tristezas en el corazón.»

Respecto a este tema, la propia Isabel declaró a Fernando Múgica, para *Diario 16*, el 17 de julio de 1985: «Yo creo en el amor, pero no en el amor eterno. No dura para siempre. Lo maravilloso y lo superbueno no puede durar mucho. Pero, aunque dure tan poco tiempo, yo creo que merece la pena. El amor se rompe, se acaba, te hablo de una cosa muy grande, de una felicidad completa. El amor solo le llega a la gente privilegiada. Cuando dejas de admirar a una persona, el amor se termina».

Y sigue diciendo Fernández: «Isabel Preysler, por su ascendente Virgo, es metódica y analítica. Meticulosa, da excesiva importancia a los detalles y pierde la perspectiva global de las cosas. Es tímida y reservada. En exceso pendiente de la higiene y la salud. La búsqueda del perfeccionismo le hace ser muy exigente.

»Su carisma es irresistible y mira de forma descarada, incluso perversa, en el primer contacto. Se recomienda a quienes amen a un acuario que no traten de atarlo. [...] De otra forma, serán abandonados con la mejor de las sonrisas.

»Cuando ama es fiel, de esta forma consigue tranquilidad emocional... Para este astro, no hay moral. Han de avanzar y, si al hacerlo aplastan a los demás, lo ignoran.»

Soliatan Sun, famoso astrólogo, hizo la siguiente lectura planetaria de Isabel Preysler: «Isabel tiene la luna en Cáncer, el signo de la mujer-mujer. Isabel despierta en el hombre ese sueño eterno de felicidad y seguro reposo que él anhela. Aunque se la presenta como una mujer ambiciosa, no se detecta signo de ambición. Podemos observar que todo va llegando a sus manos sin necesidad de luchas y forcejeos». (Assumpta Roura: *Isabel Preysler. El triunfo de una mujer*, Plaza & Janés, 1986).

Finalmente, Juan Marsé, en un retrato dominical dedicado a su persona, conjeturó: «Detrás de la frente tersa, hay una mente bien organizada, capacidad de persuadir y la firme voluntad de ser y de estar en el querer y en el poder, o en la cercanía del poder». (*El País*, 15 de marzo de 1987).

Lluís Fernández, en la página 179 de su libro, recoge algo que yo escribí hace ya muchos años y que vale para hoy: «Isabel es una mujer de indudable encanto personal y físico. Sin duda, acentuado por ese halo impenetrable y misterioso de los orientales. Por otro, es una mujer con un pasado muy rentable y un presente más rentable todavía, en el que el amor, el dinero y el sexo configuran su personalidad. Es también una mujer que ha decidido vivir su vida sin falsedades, sin prejuicios morales, fiel a sí misma, visceral y mentalmente. Para mí, Isabel es un fenómeno sociológico que, en un país como España, ha logrado traspasar las barreras del pudor y ser envidiada por hombres y mujeres».

Ella misma le declaraba a Francisco Mora, en *Interviú*, el 8 de octubre de 1989, lo siguiente: «He tenido suerte de poder hacer casi siempre lo que me he propuesto, lo que he pensado que debía hacer. Y lo he hecho de la manera que he considerado adecuada y en el momento que me ha parecido oportuno, incluso con la opinión de los demás en contra. Eso forma parte de mi carácter: si pienso que he de hacer algo, lo hago».

EPÍLOGO

El comienzo de este libro, como toda historia, contenía ya oculto el final. Y, como dice Shakespeare, el fin corona la obra, sean cuales fueren los accidentes de su curso que, en este caso, han sido apasionantes.

La historia de sus protagonistas, de Isabel y de Mario, es una novela que ha sucedido y, la novela de sus vidas, es una hermosa historia de amor, susceptible no solo de continuidad sino de consolidarse con esa boda que, al finalizar este libro, aún no ha llegado. Mientras, el presente del que hemos hablado es ya casi pasado, que dice el proverbio castellano. Sin olvidar que el mejor profeta del futuro es el pasado, según lord Byron.

Ante ciertas miserias de ese pasado, no os arrepintáis de ser felices. No es vergonzoso preferir la felicidad cuando esta llega a nuestras vidas para quedarse.

Aunque en las páginas de este libro he intentado reconstruir tanto la vida de Isabel como la de Mario, pienso que lo importante no es de dónde vienen sino adónde van. Ellos lo saben. La fortuna les ha sido dada. Ellos conocen, por experiencia, lo que hay que hacer con ella. Arrepentirse del pasado, ¡nunca! Por muchos errores que hayáis cometido. Gozad del presente a tope, como estáis haciendo. ¿Temor al futuro? Motivos, haberlos haylos.

Tal es la vida, vuestra vida, que he intentado reflejar en las páginas de este libro. Con sus luces y sus sombras. De los dos. Pero haciendo honor, eso sí, al lema de mi vida y que Isabel conoce muy bien porque lo ha utilizado alguna vez: valgo más por lo que callo que por lo que cuento. Dejando bien claro que lo que he silenciado siempre será silencio.

Lo que era necesario contar, para entender y valorar determinados hechos de la vida de los dos, lo he contado.

No consideréis el vaso sino su contenido, que dice el Talmud. Respetando en cada hombre, al hombre y a la mujer, en cada mujer, si no lo que son, al menos, lo que podrían ser, que deberían ser. Tanto Mario como Isabel.

BIBLIOGRAFÍA

Cruz, Juan, *El peso de la fama*, Editorial Aguilar, Madrid, 1999.

Fernández González, Lluís, *Isabel Preysler, la divertida biografía de una santa filipina*, p. 179, Ediciones Temas de Hoy, Madrid, 1991.

Fraile, Alfredo, *Secretos confesables*, Ediciones Península, Barcelona, 2014.

Galiacho, Juan Luis, *Isabel y Miguel. 50 años de la historia de España*, La Esfera de los Libros, Madrid, 2014.

Güell, Carmen, *La última de Filipinas*, Belacqua, Barcelona, 2005.

Peñafiel, Jaime, *La historia de ¡Hola!*, Ediciones Temas de Hoy, Madrid, 1994.

—, *Mis Bodas Reales*, Ediciones Sedmay, Barcelona, 1976.

Roura, Assumpta, *Isabel Preysler, el triunfo de una mujer*, Plaza & Janés Editores, Barcelona, 1986.

Sánchez, Vicente, *Caza y Poder*, 2.ª ed., Otero Ediciones, Madrid, 2011.

Villacastín, Rosa, *El club de las «santas»*, Temas de Hoy, Madrid, 1993.

Publicaciones periódicas consultadas:

ABC semanal, 28 de febrero de 2016.

ABC, 5 de septiembre de 2015.

ABC, agosto de 1986.

Babelia, suplemento cultural de *El País*.

Bianchi, Martín, *ABC*, 13 de febrero de 2016.

Campmany, Jaime, «José Federico Limón», *ABC*, 25 de mayor de 1988).

Diario 16, 17 de julio de 1985.

El Mundo, 31 de mayo de 1984.

El País, 15 de marzo de 1987.

El País, 14 de agosto de 2005.

Época, 21 junio de 1993.

¡Hola!, agosto de 1985.

¡Hola!, varios números.

Interviú, 8 octubre de 1989.

La Revista, 3 de septiembre de 1984.

Martín, Lucas, *La Opinión de Málaga*.

Medina, Tico, *Hola*, febrero de 1985.

Nieto, Maite, 27 de junio de 2015.

Revista *Tiempo*.

ÍNDICE ONOMÁSTICO